DIE

ROMANISCHEN VERWANDTSCHAFTSNAMEN.

MIT BESONDERER BERÜCKSICHTIGUNG

DER

FRANZÖSISCHEN UND ITALIENISCHEN MUNDARTEN.

EIN BEITRAG

ZUR

VERGLEICHENDEN LEXIKOLOGIE

VON

ERNST TAPPOLET.

MIT ZWEI KARTEN.

STRASSBURG.
VERLAG VON KARL J. TRÜBNER.
1895.

Motto:

Dans l'expression d'idées générales, telles que les relations de parenté, que l'on considère les causes intimes des altérations qui peuvent l'atteindre, on les raisons qui fixent le choix des déterminants à adopter, y a-t-il, à reconnaitre des tendences spéciales, des habitudes propres à chaque idiome ou famille d'idiomes?

Darmesteter, La vie des mots 99 f.

G. Otto's Hof-Buchdruckerei in Darmstadt.

MEINEM HOCHVEREHRTEN LEHRER

HERRN PROFESSOR D^R. HEINRICH MORF

IN AUFRICHTIGER DANKBARKEIT

GEWIDMET.

VORWORT.

Vorliegende Arbeit wurde zuerst als Dissertation gedruckt; dem freundlichen Entgegenkommen Herrn K. J. Trübner's habe ich es zu verdanken, wenn dieses mein Erstlingswerk heute im Buchhandel erscheint.

Was ich in nachfolgenden Blättern unternommen, ist ein Versuch. Von einem reichlich vorliegenden Material verleitet, habe ich mir als Aufgabe gestellt, im weiten Bereich des Romanischen für den Wortschatz der Sprache das zu liefern, was man für die Laute derselben bereits getan hat und noch tut: eine historisch-geographische Biographie. Möge der Reiz des Stoffes jugendliche Überschätzung entschuldigen!

Zur Veranschaulichung der Grundidee sind dieser Ausgabe zwei Kärtchen beigegeben. Was im Texte durch historisch-etymologische Rücksichten auseinander gerissen wurde, soll hier vereint als Ganzes wirken, und so eine Art Photographie dessen bilden, was die vorausgehenden Worte auf analytischem Wege zu charakterisieren versuchten. Leider musste ich von der geographischen Darstellung aller sechzehn Begriffe absehen.

Keiner ist alleiniger Schöpfer seiner Werke, am wenigsten ein Anfänger. So bleibt mir denn noch die angenehme

Verpflichtung, allen meinen Lehrern in Wort und Schrift für ihre bewusste und unbewusste Mitarbeit den schuldigen Dank auszusprechen. Vor Allem sei hier der mannigfachen Anregung und ermutigenden Teilnahme von Seiten meines verehrten Lehrers Herrn Prof. Dr. H. Morf in dankenswertester Weise gedacht, der sich ausserdem, zugleich mit Prof. J. Ulrich, der mühevollen Durchsicht des Manuskriptes mit gewohnter Gewissenhaftigkeit und bis ins Détail gehenden Sachkenntnis unterzogen hat.

Mit ihnen haben sich eine ansehnliche Zahl Gelehrter und Nichtgelehrter durch wertvolle Beiträge um meine Materialsammlung verdient gemacht. Ich erwähne die Herren Dialektologen J. Gilliéron, abbé Rousselot, L. Gauchat und J. Passy, die mir in besonders bereitwilliger Weise ihre gründliche Sachkenntnis sowohl wie ihre praktische Erfahrung zur Verfügung stellten. Den übrigen Dialektforschern sowie allen denen, die sich ein ungewohntes Verhör über ihre *lingua del cuore* gefallen lassen mussten, sei hiermit aufs Verbindlichste gedankt. Wie manchem ahnungslosen Spaziergänger romanischer Zunge wurden auf diese oder jene Weise, jedenfalls nicht ohne Verwunderung seinerseits, die mundartlichen Bezeichnungen seiner Verwandten entlockt! Jene Ruhestörungen in romanischen Landen möge die hohe Göttin SCIENTIA, in deren Dienst ich stand, verantworten!

Kendal (England) im Februar 1895.

E. Tappolet.

INHALT.

EINLEITUNG.

Von den drei grossen Sprachfamilien Europa's: der germanischen, romanischen und slavischen, bietet diejenige der neulateinischen Idiome durch ihre Geschichte der historisch-vergleichenden Sprachbetrachtung ein doppelt fruchtbares Forschungsgebiet dar. Denn erstens gehen bei aller Verschiedenheit die romanischen Sprachen auf einen gemeinsamen Mittelpunkt: auf Rom, zurück, und geben uns so das grossartigste Beispiel einer sprachlichen Verzweigung; der zweite Vorteil, in engster Beziehung zum ersten, besteht darin, dass dieses gemeinsame Sprachcentrum, diese so lebenskräftige Quelle uns zum grössten Teil bekannt ist durch die stattliche Zahl römischer Literaturdenkmäler, in denen uns die Elemente des Romanischeu überliefert sind.

Dank dieser ursprünglichen Einheit und der reichlichen Kenntniss jenes einheitlichen Sprachzustandes, eignen sich die romanischen Sprachen in höherem Maasse, als jede andere Sprachfamilie, zu historisch-vergleichenden Studien. Gegenstand solcher doppelartiger Untersuchungen können die verschiedenen Spracherscheinungsn sein: so z. B.: ein Punkt aus der Lautlehre: Lautgeschichte eines Wortes [1] oder einer Lautgruppe [2] oder Einwirken einer allgemeinen Lauterscheinung [3] auf das Romanische. Aus der Formenlehre ist in entsprechender Weise behandelt worden das

[1] Rydberg, Sur le verbe FACERE. Paris 1893.

[2] Horning, Zur Geschichte des lat. C vor E und I im Romanischen. Halle 1883.

[3] Behrens, Über reciproke Metathese im Romanischen. Greifswald 1888.

Part. Praet.[1], das lat. Neutrum[2], die Genusflexion beim Adj.[3]. In der Wortbildungslehre fanden derartige Einzeluntersuchungen das Suffix -OLUS[4], die Präfixe[5]. In stilistischer Hinsicht wurden zusammengestellt die Etymologischen Figuren[6]. Den Bedeutungswandel betreffend, kann der Sinn eines lat. Wortes in seiner romanischen Nüancirung oder Umformung verfolgt werden[7]. Diese besondere Disciplin, die Semasiologie, wurde in Frankreich durch Darmesteter begründet, der in seiner Schrift „*La vie des mots*“ sich die Aufgabe stellte, die Grundbedingungen eines Bedeutungswandels festzustellen.

Neben dieser Reihe ähnlicher Probleme giebt es eine zweite Art der Behandlung, der Auffassung desselben Stoffes. Bei der ersten Betrachtungsweise geht man von Etwas im Latein Existirendes, von einer sprachlichen Thatsache aus, die zeitlich und örtlich fixirt ist: man verfolgt einen Laut, eine grammatische Function, ein wortbildendes Element, ein stilistisches Mittel oder endlich die Bedeutung eines Wortes auf ihr romanisches Schicksal hin. Kann man nicht auch umgekehrt vorgehen? Statt, wie in den angedeuteten Aufgaben, von dem auszugehen, was die Sprache hervorgebracht hat: vom einmal geschaffenen Wort, wäre es nicht von höchstem Interesse, das, was der Sprache zu Grunde liegt, zu dessen Ausdruck sie nur Mittel ist, nämlich: das Begriffliche zum Ausgangspunkt solcher Untersuchungen zu machen? So gefasst, würden die entsprechenden Aufgaben, so weit sie das begriffliche Element überhaupt enthalten —

---

[1] J. Ulrich, Die formelle Entwicklung des Part. Praet. in den romanischen Sprachen. Winterthur 1879.

[2] W. Meyer, Schicksale des lat. Neutrums im Rom. 1883.

[3] Nyrop, Adjekivernes Kønsbøjning i de Romanske Sprog. Kjobenhavn 1886. Vgl. Rom. XV, 437, wo G. Paris den Inhalt des Buches mit: *la flexion du genre dans l'adjectif* wiedergiebt.

[4] M. Mirisch, Geschichte des Suffix. -OLUS in d. roman. Spr. Bonn 1882.

[5] H. Buchegger, Über die Präfixe in den rom. Spr. Bühl 1890.

[6] Leiffholdt, Fr., Etymologische Figuren im Rom. 1883.

[7] Teilweise gehört hierher: Voelker P., Die Bedeutungsentwicklung des Wortes Roman. Ztschr. f. r. Ph. X, 485 ff.

dies ist beim Lautwandel nicht der Fall — lauten: wie haben die lat. und die rom. Sprache die Function des Participiums der Vergangenheit bezeichnet? Wie verhalten sie sich gegenüber alles dessen, was kein natürliches Geschlecht hat, was somit logisch Neutrum ist? Welcher Mittel bedienen sie sich, um die in -OLUS liegende diminutive Bedeutungsnuance wiederzugeben? Kurz, wie drücken sie einen gegebenen Begriff aus? Dasselbe Problem, im Gegensatz zu demjenigen des Bedeutungswandels, formuliert G. Paris, bei Besprechung des Darmesteter'schen Buches, folgendermassen: „M. Darmesteter nous montre comment les mots se prêtent à exprimer des idées nouvelles; il ne recherche pas comment les idées nouvelles s'arrangent pour trouver leur expression dans les mots. Cette étude", fährt er fort, „qu'on n'a guère abordée encore, serait d'un sérieux intérêt: elle nous ferait connaître quelles sont les conditions internes favorables à l'admission de sens nouveaux dans la langue." G. Paris scheint dabei speziell die Bezeichnung neuer Begriffe (Gegenstände, Erfindungen) mittelst vorhandenen Wortmaterials im Auge zu haben. Die Aufgabe, die sich nachstehende Arbeit gestellt hat, ist insofern etwas allgemeiner, als sie auch die „Urschöpfung" berücksichtigt, und, wenn auch unwesentlich, verschieden dadurch, dass sie statt von einem neuen, jeweilen von einem alten, bekannten Begriff ausgeht.

Im Gegensatz zur Lehre vom Bedeutungswandel kann man diese zweite Art rein psychologischer Sprachbetrachtung „die Lehre von der Begriffsbezeichnung" nennen. Da es sich nun dabei immer um die Frage nach dem Wortschatz eines Idioms handelt und da ferner die Vergleichung (in zeitlicher und örtlicher Hinsicht) die Hauptrolle spielt, so würde ich aus stilistischer Symmetrie mit Semasiologie den Ausdruck: „vergleichende Lexicologie" vorschlagen. Beide Arten der Forschung beschäftigen sich mit der Bedeutung der Wörter: bei der ersten bildet sie der Ausgangspunkt, ist sie das Gegebene, das Primäre; bei der zweiten ist sie das Gesuchte, das Secundäre. Die Semasiologie fragt: was ist aus der (lat.) Bedeutung geworden? Blieb sie dieselbe, wurde sie verändert und wie? oder ging sie verloren? Wo und wann traten diese drei Möglichkeiten ein? etc. Sind diese Aufgaben beschreibender Art gelöst, so stellt sich auch hier jenes grosse Fragezeichen ein: warum alle diese Veränderungen? Welches ist die Veranlassung, welches die letzte Ursache dieses endlosen Wandels?

Die „vergleichende Lexicologie" — wenn ich diesen Ausdruck gebrauchen darf — hat es mit ähnlichen Problemen zu thun, aber sie fasst sie von einer andern Seite an. Im Vordergrund steht für sie die Grundfrage: wie drückt die Sprache einer bestimmten Zeit, eines bestimmten Ortes den gegebenen Begriff aus? d. h. hat sie den von einer früheren Periode überkommenen Ausdruck beibehalten oder hat sie ihn durch eine Neuschöpfung ersetzt? Im ersten Fall: hat sie ihn mit oder ohne Umänderung in Form oder Inhalt beibehalten? Im zweiten Fall: auf welche Weise, mit welchen Mitteln hat sie neue Bezeichnungen geschaffen? Wann und wo sind sie aufgetreten? Und wiederum drängt sich dem, der in erster Linie nur beobachten will, die ewig brennende Frage des „Warum" auf: woher dieser Wechsel in der Ausdrucksweise ein und desselben Begriffs? Oder ist es vielleicht gerade desshalb nicht mehr derselbe Begriff, weil er anders ausgedrückt wurde? Dieser zweiten Serie von Fragen sind meine Zusammenstellungen gewidmet.

Wir sehen: die Vergleichung des Wortschatzes auf einen mehr oder weniger bestimmten Begriff hin bringt uns — in höherem Maasse als der Lautwandel — auf philosophisches Gebiet: sie liefert psychologisches Material zur Wissenschaft der Begriffe, sie giebt uns Aufschlüsse über das Wesen und die Gültigkeit, den Wert eines Begriffes (einer Function); mit Hülfe dieser historisch-geographischen Vergleichung können wir den einem Begriff innewohnenden Character erfassen. Ein Beispiel: die so untersuchte Sprache lehrt uns, dass der Begriff „Haus" in hohem Maasse dem Wechsel unterworfen ist, da lat. domus auf dem ganzen romanischen Gebiet ersetzt wurde durch CASA, HOSPITALE, MANSIO, MANSIONILE, während der Begriff „zwei" constant sein muss, da die lateinische Bezeichnung überall, mit bezeichnender Consequenz, beibehalten wurde. Zwischen diesen beiden Extremen liegt eine unbegrenzte Zahl von Abstufungen, Combinationen und Nüancen, deren Studium ebensosehr sprachlich wie philosophisch interessant ist. Aus solchen und ähnlichen Erwägungen scheint mir folgende allgemeine Wahrheit hervorzugehen: je länger ein Wort — mit derselben Bedeutung natürlich — sich erhält, auf ein je grösseres Gebiet derselben Sprachfamilie es sich erstreckt, desto constanter, bestimmter oder allgemeiner ist der Begriff, zu dessen Ausdruck er dient; andererseits: je kurzlebiger ein Wort ist, je weniger Verbreitung es erfahren hat, desto wechselnder, unbestimmter oder spezieller Natur ist der ihm zu Grunde liegende Begriff. So kann uns die Sprache über die Lebenskräftigkeit, über die zeitliche und örtliche Gültigkeitssphäre eines beliebigen Begriffes belehren, jedenfalls ist sie uns eine erwünschte Controlle für das, was wir a priori über den Begriff auszusagen wissen. — Umgekehrt lässt sich, wie ich glaube, behaupten: je bestimmter oder allgemeiner ein Begriff, desto länger wird die einmal geschaffene Bezeichnung sich erhalten, desto grösserem Gebiet wird sie sich mitteilen; und andrerseits: je unbestimmter oder je spezieller er ist, desto mehr wird die Bezeichnung nach Zeit und Ort variiren.

Nach diesen allgemeinen Erörterungen gehe ich über zur Besprechung meiner Einzeluntersuchung. Als Ausgangspunkt einer nach den angedeuteten Gesichtspunkten durchgeführten Vergleichung habe ich die Verwandtschaftsbegriffe gewählt, als eine Gruppe von Begriffen, die ähnlich genug sind, um unter demselben Titel zu figuriren und andrerseits verschieden genug, um die Abstufung im Wesen der Begriffe zu veranschaulichen. Der Verwandtschaftsbegriff ist zugleich bestimmt und unbestimmt, einfach und vielseitig. Genau definirbar und einfach ist er insofern, als durch ihn ein bestimmtes genealogisches Verhältniss unter monogam lebenden Menschen bezeichnet wird. Als solcher wird er von der Cultur nicht berührt, kennt weder zeitliche noch örtliche Modification und muss sich überall vorfinden;

só gefasst ist er ein Grundbegriff, als solchen führt ihn auch Darmesteter, *Vie des mots* 99, auf. In der That: ein Vater bleibt Vater in physischer Beziehung dem Sohn gegenüber, gleichgültig ob er Sklave oder Sklavenbesitzer, Vassal oder Schlossherr, Arbeiter oder Arbeitgeber. Andrerseits ist der Verwandtschaftsbegriff ein schwankender, vielseitiger, je nach dem moralischen Bewustsein der Zeit, des Ortes, der Sprechgemeinschaft und schliesslich des Individuums: da setzt, wie wir sehen werden, die Neuschöpfung ein, darin liegt der Grund zum Abweichen von der Überlieferung. Als Beweis der Vielseitigkeit des Verwandtschaftsbegriffes brauche ich nur an die Thatsache zu erinnern, dass oft in derselben Sprechgemeinschaft zwei Ausdrücke für denselben Begriff nebeneinander hergehen, die sich durch ihren Gefühlswert unterscheiden: mater, mamma; filius, filiolus; aïeul, grand-père; Sohn, Kind etc. Dieser Doppelcharacter bedingt die erstaunliche Mannigfaltigkeit in der Ausdrucksweise, die uns im Folgenden vor Augen treten wird. Auf Grund der Ähnlichkeit der Begriffe wird die Gegenüberstellung ihrer Verschiedenheiten und Nüancen um so fruchtbarer sein. Unzählige Fragen werden sich von selbst ergeben; in den meisten Fällen muss ich mich begnügen sie zu stellen und etwaige Vermutungen über die Lösung auszusprechen; überhaupt musste sich mein Bestreben darauf beschränken, gut beobachtete Thatsachen vorzuführen; meine Arbeit will somit in erster Linie nur beschreibend sein. Thatsachen gut beobachten heisst sie nach bestimmten Gesichtspunkten ordnen. Ausser den allgemeinen Principien der Chronologie und der geographischen Ausdehnung eines Ausdruckes, habe ich das vorliegende Material nach folgenden Grundsätzen einzuteilen versucht:

Den Monographieen der Verwandtschaftsbegriffe, wobei die beiden Geschlechter jeweilen parallel behandelt werden, war ich bestrebt einen möglichst einheitlichen Character zu geben, um dadurch die vergleichende Betrachtung zu fördern. — Im Vordergrund stand mir die Frage: ist der jetzt gebräuchliche Ausdruck alt oder neu? lateinisch oder romanisch? Daher die Hauptscheidung in:

I. Lateinische Tradition und II. Romanische Wortschöpfung[1] um so von vornherein das Erbgut aus dem romanischen Sprachleben auszuscheiden und damit den Fragen nach spezifisch romanischer Apperception und Urschöpfung näher zu treten. — Die „Lateinische Tradition“ begreift in sich: A. alle classisch-lateinischen Bezeichnungen, sowie deren noch lateinische Ableitungen: z. B. AVIUS, AVITUS. B. alle vulgär- oder spätlateinischen Ausdrücke: AVIATICUS, FILIASTER, sowie lat. Stämme, die wenn auch im Lat. schon verwandschaftlich verwendet werden konnten, doch erst später — wann, war mir meist unmöglich zu sagen — streng verwandtschaftliche Bedeutung annahmen: so PARENS, GENITOR; FILIOLUS, INFANS; GERMANUS, GEMELLUS. Dabei verhehle ich mir nicht, dass der Bedeutungsübergang meist erst in romanischer Sprachperiode sich vollzog und somit zur Characterisirung des nationalen Sprachgeistes beiträgt; doch in der Regel beschränkt er sich auf eine Änderung im Gefühlswert, der wesentliche Bedeutungsinhalt ist somit trotzdem alte Überlieferung. — Wie I., so zerfällt auch II. „Romanische Wortschöpfung“ in zwei (leichter zu trennende) Teile. Bei einem unlateinischen Ausdruck fragte ich mich jeweilen: ist er erstanden A. im Anschluss an die Tradition? d. h. kann er auf irgend eine Weise als Umformung, Erweiterung oder Kürzung der in I A. und B. angeführten Wörter aufgefasst werden? Die Umbildungsmittel, so weit sie mir erst in romanischer Sprachperiode angewendet erschienen, sind jeweilen in derselben Reihenfolge angeführt, sodass mit Leichtigkeit der Grad ihres verschiedenen Einwirkens auf die einzelnen Begriffe, resp. deren Bezeichnungen ermessen werden kann; demselben Zweck dient Schlusstabelle A. — Oder: ist der unlateinische Ausdruck entstanden B. ohne Anschluss an die Tradition? Dieses Capitel steht natürlich bei der Frage nach der schöpferischen Thätigkeit der romanischen Sprachen im Vordergrund des Interesses. Seine weitere Gliederung war ebenso wichtig wie schwierig. Nach welchen Gesichtspunkten war hier das in gleichem

[1] Letzterer Ausdruck stammt von Diez.

Maasse umfangreiche wie heterogene Material zu ordnen? Eine bloss geographische Zusammenstellung schien mir zu wenig gewinnbringend; eine chronologische war meist unmöglich und dazu, wie mir scheint, ebenfalls von secundärer Bedeutung: ob *nonno* vor *grand-père* entstanden, ist nicht das Erste, was wir wissen möchten, sondern die Art und Weise wie der Franzose, wie der Italiener den überlieferten Ausdruck ersetzt haben. So verfiel ich denn naturgemäss auf eine inhaltliche Einteilung: ich habe in der That den gewagten Versuch gemacht, die Neuschöpfungen nach der Art ihrer Bildung, ihres Entstehens, nach ihrem wahrscheinlichen Ursprung zu gruppiren. Hier liess sich begreiflicher Weise die Einheitlichkeit der Einteilung nicht immer durchführen;[1] denn gerade hier kam das Eigentümliche des Begriffs zum Durchbruch. Immerhin schied ich, soweit thunlich, zwischen Titelbezeichnung, eigentlicher Apperception und Entstehung aus der Kindersprache und aus fremden Sprachen. Vielleicht wäre eine übersichtlichere Trennung zwischen 1. Anlehnung an vorhandenes Wortmaterial und 2. Urschöpfung am Platze gewesen. Vgl. Schlusstabelle B.

Durch diese innere Anordnung hoffte ich einen bescheidenen Beitrag zur allgemeinen Sprachfrage zu liefern: mit welchen Mitteln schafft sich die Sprache neue Wörter, neue Bedeutungen?

Der erste und meines Wissens der einzige, der in unserem Sinn und Zweck den Wortschatz aller romanischen Sprachen zusammengestellt hat, ist Niemand Geringerer als unser verehrter Altmeister Friedrich Diez. „Wie hat der Sprachgenius mit dem römischen Erbteil geschaltet?“ so formulirt er selbst die Grundidee seiner letzten Schrift: *Romanische Wortschöpfung*, Bonn 1875. Diez umfasst darin ein weit grösseres Gebiet: nicht weniger als 27 Begriffsgruppen, aus den verschiedensten Lebenssphären heraus-

[1] Versucht wurde dies am Schluss Tab. B., doch geschah es auf Kosten der Spezialisirung der Fälle von Bedeutungswandel. (b.)

gegriffen, werden auf ihre romanische Wiedergabe hin untersucht. Cap. VIII. handelt von der Verwandtschaft. Dieses Capitel, das nur 5 Seiten einnimmt, mit reichlicherem, den Volksmundarten entnommenem Material zu versehen, und ihm eine übersichtlichere, die ähnlichen Sprachvorgänge zusammenstellende Gestaltung zu geben, habe ich als meine eigentliche Aufgabe betrachtet.

Auf germanischem resp. indogermanischem Gebiet wurde dasselbe Thema einlässlicher behandelt. Doch nimmt es da mehr archäologischen Character an. Die Sprachwissenschaft erscheint als Hülfswissenschaft der Anthropologie. An der Spitze steht B. Delbrück, *Die indogermanischen Verwandtschaftsnamen*[1] (Abhandlungen der königlich-sächsischen Gesellschaft der Wissenschaften. Bd. II.), eine grundlegende, umfassende Zusammenstellung, der ich viel Anregung und teils frappante Parallelen verdanke. Eine zweite mehr populär-wissenschaftliche Darlegung ist von W. Deecke, Dr., *Die deutschen Verwandtschaftsnamen,* Weimar 1870; sie hat weit geringeren Wert. — Beide wollen uns in erster Linie Einblicke in die ältesten germanischen und indogermanischen Culturzustände verschaffen[2]. Dieser ethnographisch-archäologische Zweck trat für mich mehr in den Hintergrund (wesshalb ich auch nicht nach romanischen Sprachgebieten einteilte), denn die römischen Verwandtschaftsverhältnisse waren für mich direct historisch bewiesene Thatsache, die nicht des sprachlichen Zusammentreffens der Tochtersprachen bedarf um als solche zu gelten. Mein Augenmerk war im Gegenteil nach vorwärts gerichtet, mir lag es in erster Linie an der Abweichung von der gemeinsamen Tradition, an der romanischen Neubezeichnung.

Entstehung. Die erste Anregung verdanke ich Prof. H. Morf, der mich auf die Arbeit von Funk ALL VII. 73 *Was heisst „die Kinder“* hinwies. Von diesem Begriff aus-

---

[1] Ein Beitrag zur vergleichenden Altertumskunde.

[2] Deecke sieht darin sogar einen moralischen Wert. Einleitung 12: „die Deutung der Verwandschaftsnamen ist vor allem geeignet, unsere Ehrfurcht vor den Ahnen zu erhöhen etc.“!

gehend, aber im Verlauf ihn wegen seiner Vielseitigkeit und Elastizität immer mehr bei Seite lassend, dehnte ich die Arbeit auf die leichter definirbaren Verwandtschaftsbegriffe aus, teils auch um die Vergleichung der Begriffe (s. Einleitung 4 ff.) resp. ihrer Bezeichnungen unter sich zu ermöglichen. Das Eine führte zum Andern: so wurde ich durch den „Grossvater“ — wegen *messer, nonno* und *parrain* — zum Studium des Schwiegervaters und der Taufpaten veranlasst, der erstere brachte mich wiederum durch *beau-père* zum Stiefvater etc. etc. Auch sind durch diese Ausdehnung die Verwandtschaftsbegriffe keineswegs erschöpft. Von den Collectivbegriffen und Verwandten höheren Grades war principiell nur gelegentlich die Rede.

Nr. 1.

VATER UND MUTTER.

I. LATEINISCHE TRADITION.

Bei den lateinischen Ausdrücken für Vater und Mutter lassen sich zwei Arten unterscheiden: erstens eigentliche, PATER-MATER, TATA-MAMMA, d. h. solche, die in erster Linie, als Hauptbedeutung, die Eltern und meist nur die Eltern bezeichnen, und zweitens uneigentliche, PARENS, GENITOR und mit Einschränkung auch HOMO, d. h. solche, die erst in zweiter Linie, als Nebenbedeutung, also nur gelegentlich im eigentlichen Sinn von Vater oder Mutter verwendet werden.

A. EIGENTLICHE TRADITION
(in Wort und Bedeutung).

Das Lateinische — dabei habe ich nicht nur das classische Latein im Auge — kennt fernerhin zwei Ausdrucksweisen, die sich im Wesentlichen durch verschiedenen Gefühlswert unterscheiden. Sie gehören zwei verschiedenen Sprachsphären an: die eine, PATER-MATER, kennzeichnet die offizielle, litterarisch-juristische Sprache, die andere, TATA-MAMMA, ist ausschliesslich der vertraulichen, eher volkstümlichen Umgangssprache eigen. PATER-MATER ist der abstractere und präzisere, TATA-MAMMA der kindliche und vagere Ausdruck. Dieser richtet sich mehr ans Gemüt, jener mehr an den Verstand. Diesem Unterschied entspricht auch, wie wir sehen werden, sowohl ihre Herkunft wie ihr späteres Schicksal im Allgemeinen. Die Scheidung zwischen familiärem und schriftsprachlichem Ausdruck findet sich übrigens in allen Sprachen, die es zu einer gewissen litterarischen Höhe gebracht haben. Vgl. Pictet *Orig indo-europ*, III, 28.

a. DER LITTERARISCH-JURISTISCHE AUSDRUCK.

Die beiden indogermanischen Stämme, PATER-MATER [1], haben sich im Ganzen und Grossen in den romanischen Idiomen erhalten. Da die immerhin zahlreichen Abweichungen mir meist nur sporadisch entgegengetreten sind, so gebe ich zuerst eine allgemeine Übersicht, die nur die grossen Spracheinheiten, die Gemeinsprachen, in Betracht zieht und werde nachher einlässlicher die Verbreitung in den mir bekannten Mundarten behandeln. Die Nicht-Verbreitung oder Verdrängung von PATER-MATER lässt sich am besten positiv aus der roman. Wortschöpfung S. 23 ersehen.

α. PATER-MATER in den roman. Schriftsprachen.

Von den fünf modernen roman. Schriftsprachen: Französisch, Spanisch, Portugiesisch, Italienich und Rumänisch, ist nur die letztgenannte der lateinischen — sagen wir classisch-lateinischen — Tradition nicht treu geblieben. Denn die Ursache dieser auffallenden Ausnahmestellung scheint mir eben einesteils darin zu liegen, dass PATER-MATER nie ganz volkstümlich war [2], und anderntеils, dass durch die culturelle Absonderung Rumäniens jeder directe oder indirecte lateinische Einfluss aufgehört hatte. Ist PATER-MATER, ausser als kirchlicher Titel, überhaupt nach Rumänien verpflanzt worden, wofür ich keine Belege habe, so müssen sie vor Entstehung der Gemeinsprache — XVI. Jahrhundert — ausgestorben sein, es hätte somit auch das späte Datum der rumänischen Schriftsprache zu deren Nicht-Erhaltung beigetragen. — Die vier andern, sowie die beiden Schriftsprachen des Mittelalters in Catalonien und in Südfrankreich, weisen die regelmässige Form von PATER-MATER auf.

---

[1] Nach Delbr. 447 wie TATA-MAMMA vom Kinde ausgegangen.

[2] Zum Beweis mögen Sardinien — das älteste romanische Sprachgebiet — und Graubündten dienen, wo sich ebenfalls keine Spur von PATER-MATER findet und die zugleich beide bis auf den heutigen Tag ohne eigentliche Spracheinheit geblieben sind. *madra* Gebärmutter und *pader* = pater surselv. (Carigiet) sind wohl aus der Lombardei eingedrungen.

β. PATER-MATER in den roman. Mundarten.

Der lateinische Ausdruck ist auf zwei Arten und zu zwei verschiedenen Perioden in die Sprache des Volkes gedrungen. Einmal zur Zeit römischer Herrschaft, von Rom aus, bei weitem die wichtigste, directe Verbreitung; dann zum zweiten Mal in neuerer Zeit, vom jeweiligen gemeinsprachlichen Centrum des betreffenden Landes, von Paris oder Florenz (Rom) aus, es ist dies die indirecte Verbreitung. Wir erhalten so für manche Dialecte zwei Gruppen von Wörtern; rechnen wir dazu eine in Italien übliche abgekürzte Form, *pa* [1], so tritt uns die mundartliche Elternbezeichnung, nur soweit sie auf PATER-MATER zurückgeht, in dreifacher Gestalt entgegen.

1. Directe Verbreitung. Unter der bunten Menge mundartlicher Entsprechungen des lat. PATER-MATER, die eine als „lautgesetzliche", die andere als importirte Form (indirecte Verbreitung) oder als Latinismus zu bezeichnen, ist hauptsächlich aus zwei phonetischen Gründen oft äusserst schwierig: 1. die lat. Grundlage ist unsicher: soll auf PATER oder auf PATREM zurückgegangen werden? und 2. der Nexus -ATER oder -ATRE steht vereinzelt da [2]. — Ohne hier auf alle einzelnen Formen einzugehen, gebe ich in Kürze für die grössern Spracheinheiten oder Dialekte, die ausser Frage stehenden lautgesetzlichen Ergebnisse an.

A. Italien. 1) *pare-mare* in Piemont und in Venetien. 2) *pader-mader (padar-madar)* in der Lombardei (Biond.). Doch scheinen diese Ausdrücke, in der Lombardei besonders, immer mehr ausser Gebrauch zu kommen. Wenigstens habe ich sie nur äusserst selten gehört (in Cremona z. B. noch). Die gebräuchlichen Wörter sind fürs Volk kindersprachliche Schöpfungen, vgl. S. 33 und für die Dialect sprechenden

---

[1] Gehört als Umformung des lat. Ausdruckes ins Capitel der roman. Wortbildung. S. 27.

[2] Das zunächst liegende FRATER ist oft durch Dissimilation von FR und TR ungleich behandelt worden. Am meisten Ähnlichkeit mit -ATRE hat -ATRO in LATRO, das sich aber nicht überall als Nom. erhalten hat.

obern Klassen die französischen Fremdlinge *papà-mammà*. Ähnlich, doch weniger ausgesprochen, verhält es sich in Mittel- und Süditalien. 3) *päder-mäder* in der Emilia. 4) *padre-madre* in der Toscana. — Je mehr wir nach Süden gehen, je seltener wird der gut lat. Ausdruck. Auf dem Lande — für die Provinzen: Chieti, Caserta, Napoli, Foggia, Basilicata, für Calabrien und teilweise für Sicilien habe ich selbst erfragte Belege — scheint er überhaupt ganz unbekannt zu sein. Immerhin geben die Wörterbücher folgende Formen, die, wohl meist auf die Städte beschränkt, eben doch den einheimischen Lautgesetzen zu entsprechen scheinen. 5) *patre(pate)-matre(mate)* im Neapolitanischen, vgl. *latro* (Andreoli) auch calabr. (Scerbo). — 6) *patri-matri* in Calabrien und Sizilien, vgl. *latru* [1], *frati* Cosenza. — 7) *patš(ẹ)-matš(ẹ)* in Messina und Umgegend, vgl. *latš(ẹ)* [2] m.

B. Frankreich. 1) *pai-mai* im Südosten. 2) *paire-maire* im Südwesten. 3) *pare-mare* im Franco-provenzalischen. 4) *pẹr-mẹr* im Norden. 5) *pęr-męr* in Paris.

Im Allgemeinen lässt sich über diese beiden Sprachgebiete aussagen, dass PATER-MATER in Italien bei weitem weniger in die Volkssprache eingedrungen ist, als in Frankreich, wo es sich mit wenigen Ausnahmen in allen noch so vereinzelten Ortschaften vorfindet, während es mir in Italien eigentlich nur im Piemont, im Venezianischen und auf

[1] Agl. VIII, 115 b wird gerade die Endung *i* bei Wörtern der III. lat. Declination als characteristisch für Calabrien hingestellt, wodurch die Volkstümlichkeit dieser Formen, trotz ihrer auffallenden Lateinähnlichkeit, wenn nicht bewiesen, so doch wahrscheinlich gemacht wird.

[2] Wenn also in dem sogenannten sizilianischen Volkslied „*Rosa fresca aulentissima*“ (Propugn. IV, I 172) die Formen *mare* und *peri* — schon die Ungleichheit weist auf fremden Ursprung — vorkommen, so können sie unmöglich einheimisch sein. *mare* ist dem Osten und Westen Norditaliens eigen; *peri* — das i möchte sizilianische Zuthat sein, obschon auch *pari* (im Friaul) vorkommt — also *pere* findet sich jeweilen im Westen der *pare-mare*-Gebiete, nämlich 1) *pere-mere* im Mittelladinischen (Tirol: Livinallango, Corvara Agl. I, 372, Südtirol Wb. 25), auch auf der Insel Veglia *cunper* Agl. IX, 151, und 2) *paire-maire* in jenem Landstrich der Seealpen, der politisch zum Piemont, sprachlich zur Provence gehört.

Sizilien (Messina) echt volkstümlich zu sein scheint. Jedenfalls variirt in den italienischen Mundarten der Gefühlswert von PATER-MATER in weit höherem Masse als dies in Frankreich der Fall ist. Daher war ein gänzliches Verdrängen desselben durch einen kindersprachlichen Ausdruck — *babbo, bubà, tata, nunnu* — viel häufiger und allgemeiner als auf gallischem Gebiet, wo nur ein solcher Ausdruck, *papa*, mit dem traditionellen PATER in Concurrenz trat. Vgl. II. Roman. Wortschöpfung, S. 25 und 33.

2. Indirecte Verbreitung. Was sich zur Zeit der Ausbreitun grömischer Herrschaft und Sprache in grossem Massstab vollzogen hat, ist eben jetzt im Begriff, wenn auch in kleineren nationalen Grenzen, sich zu wiederholen. Wie das mächtigere Latein die einheimischen Volkssprachen verdrängt hat, so verschwinden jetzt allmählig die ursprünglich gleichberechtigten Mundarten vor der mächtig eindringenden Gemeinsprache. Diesen allgemeinen Process auf unsere Ausdrücke hin zu verfolgen, ist nicht ohne Interesse.

A. Italien: *Padre-madre* fand schon lange in den Mundarten Eingang und zwar in höherem Masse da, wo diese völlig vom toscanischen Gebrauch abweichen: also besonders im Gebiet von *tata* S. 21. Dabei ist zu bemerken, dass *madre* länger durch *mamma* vertreten wird als *tata* u. a. durch *padre*, so dass sich oft das Nebeneinander von *padre-mamma* mit gleichem Gefühlswert findet. In dem Gebiet von *pare-mare*, hauptsächlich in Venetien, ist *padre-madre* bereits ins Volk gedrungen und zwar ins Landvolk in der Nähe von Städten [1], während z. B. die gleichen Leute nicht wissen, was *suocero* heisst und man erst durch Umschreibung sie auf die Antwort *misér* bringt. Die Grenze zwischen *pare* und *padre* fällt etwa mit derjenigen zwischen Ebene und Gebirg zusammen. Man wird aber auch jeweilen in einer gewissen Entfernung von einer grösseren Stadt noch

[1] In den Städten selbst ist auch im Volk *papà-mâma* das Übliche, so dass wir, ganz abgesehen von den einheimischen Kinderausdrücken, in Oberitalien drei familiäre Elternbezeichnungen vorfinden: *pare padre, papà.*

pare finden[1]. Mit anderer Bedeutung — als geistlicher Titel — hat *padre* in den Dialecten des Piemont (Sant'Alb.) und Sardiniens Eingang gefunden.

B. Frankreich. Auch hier gehören *père-mère* zu den ersten Wörtern, die gewisse, sehr abweichende Mundarten in ihre Colloquialsprache aufnahmen. So ist im Südosten das echt einheimische, auch altprov. *paire-maire* auf entlegene Dörfer, auf Bauernhöfe oder auf Gebirgsortschaften verdrängt durch das allgemein üblich werdende franz.-prov. *pęro-męro*[2]. Es wird allgemein gebraucht in der Volkssprache der Städte und in der umliegenden Landbevölkerung, und entspricht so etwa dem *padre* des Venezianischen. Dabei sind die mannigfachsten Abstufungen möglich: 1. je nachdem die Ortschaften in engerem oder lockerem Verkehr, sei es mit Paris, sei es mit einem provinzialen Sprachcentrum stehen; so z. B. ist *paire* in dem Kantonshauptort La Canourgue (Dép. Lozère) noch ganz und gar der gewöhnliche Ausdruck. 2. kommt das Alter der Personen in Betracht: in Bédarieux (Hérault) wird *paire* nur von der älteren Generation d. h. etwa von Leuten über 30 Jahre gebraucht. Das junge Datum dieser Erscheinung macht es uns möglich, den Gang der Einführung zu verfolgen, sowie auch deren Rückwirkung auf das alte Wort. Wir können zwei Phasen unterscheiden. 1. Der erste Gebrauch des neuen Wortes ist der in der Anrede. *Pęro* wird als vornehmer, ehrender, „richtiger" empfunden und so bedient man sich desselben da, wo es auf eine respektvolle Bezeichnung ankommt.[3] Spricht man nur vom Vater oder gar vom Vater eines Dritten, so tritt die Verpflichtung einen ehrenden Namen zu

---

[1] Den Nachweis für solche und ähnliche Behauptungen oder Eindrücke könnte nur eine detaillirte, nach Ortschaften geordnete Zusammenstellung meines Materials geben, die wohl am besten in Tabellen- oder Kartenform als „phonetischer Anhang" ausgeführt würde.

[2] Das *o* erklärt sich aus Analogie nach Fällen, wo die Entsprechung: franz. *ę* prov. *o* etymologisch berechtigt ist: *tante-tanto*, *bouche-bouco*.

[3] Derselbe Gedanke wird ausgesprochen Rev. des langues rom. XXXI 439 n.

gebrauchen weniger ins Bewusstsein. Diesen Zustand finden wir in Millau (Aveyron), in Aubenas (Ardèche) und in Montauban (Tarn et Garonne): *pęro* wird in der Anrede gebraucht, wo *paire*, das sonst üblich ist, grob wäre. Eine Uebergangsstufe bildet der Stand der Dinge in Trescléoux (H. Alpes), ein Dorf, wo *paire* bei jeder Art der Verwendung bereits weniger respektvoll klingt als *peré*. Ein zweiter Schritt ist dann der, dass *pęro* allgemein wird und *paire*, statt einfach zu verschwinden, eine üble Nebenbedeutung annimmt: es wird zum Scheltwort in der Anrede und bezeichnet sonst einen schlechten Vater; so in Draguignan (Var). Bezeichnender Weise kommt *maire* zur Bedeutung einer unverheirateten Mutter, so in Montélimard (Drôme). — *Geschichtlich* betrachtet, würde diese Einwanderung französischer Formen nach Mistral, (Trésor, Artikel *paire*) schon ins XVI. Jahrhundert zurückgehen. Jedenfalls kann es sich nur um vereinzelte Fälle z. B. in grösseren Verkehrscentren handeln. Denn wie wir gesehen haben, ist der Process noch lange nicht vollendet, können wir doch die verschiedenen Stufen noch deutlich verfolgen. Es ist schwer anzunehmen, dass *pęro* und *paire* schon 300 Jahre lang ernstlich mit einander concurrirt hätten.

Ähnliche Verhältnisse zeigen einige franco-prov. Mundarten der französischen Schweiz und des Aostatales. Auch da wurde an einigen Ortschaften das sonst allgemein übliche *pare-mare* auf eine unedle Verwendung — nämlich für das Abstammungsverhältnis bei Tieren[1] — beschränkt und im edlen Sinn durch die französischen Formen ersetzt[2]. So: 1. in Dompierre, Freiburg, wo *pęre-męre* um die Mitte dieses Jahrhunderts eingeführt neben *frare* stehen, während sonst im Provenz. z. B. *fręro* zu gleicher Zeit wie *pęro-męro* heimisch wurde. 2. im Val d'Entremont und Val de

[1] S. Gauchat Domp. cf. Cornu Rom. VI 374.

[2] Diese für eine agricole Bevölkerung begreifliche Bedeutungsübertragung findet sich nach Mistral auch im Provenzalischen, wird aber als veraltet bezeichnet, während sie in der Schweiz bis jetzt das alte *pare* vor seinem Untergang bewahrt hat.

Bagne nebst einigen anderen Dörfern[1] (Atlas phonétique par J. Gilliéron Pl. 1). Was uns hier am meisten auffällt, ist die Thatsache, dass gerade in der verkehrsreichen Gegend, in der Rhoneebene, das alte *pare-mare* sich erhalten hat[2], während es in dem bedeutend weniger begangenen Entremonttal bis weit hinauf zum Fuss des St. Bernhard durch *pire-mire*[3] verdrängt worden ist. Dieser Thatbestand, sowie die obenerwähnte Ungleichheit von *pęre-męre* neben *frare*, die sich teilweise auch auf unserem *pire-mire*-Gebiet wiederfindet, erklärt sich höchstwahrscheinlich aus dem Gefühl für die Unschicklichkeit der Verwendung eines und desselben Ausdruckes für menschliche und tierische Abstammungs-Verhältnisse[4]. Dazu kommt hier die weitere Verwendung für die Geschlechtsverhältnisse: *pare* ist im Entremont- und Bagnetal das männliche, *mare* das weibliche Tier. Zum Bedeutungsübergang vgl. GEMELLUS im Bergamaskischen S. 56. Dass der Gebrauch für Tiere der vorwiegende war, geht daraus hervor, dass er sich mancherorts neben dem neuen *père-mère* erhalten hat: so in Riddes, Chables, wie überhaupt im Val de Bagne, ferner in Dompierre (Freiburg) und Villars-le-Terroir (Waadt) und nach Bridel allgemein in der franz. Schweiz. 3. im Aostatal, wo die Einführung franz. Formen ebenfalls Hand in Hand geht mit der Verwendung des alten *pare* für Tiere[5], so *pare* = *mâle* Rhème, Notre Dame. Es scheint somit die unedle Verwendung der alten Form die Einführung der neuen begünstigt, wenn nicht geradezu bedingt zu haben, denn gerade da, wo mir dieser unedle Ge-

---

[1] Riddes und Chables. Vgl. ausserdem Avant-propos. 17.

[2] Auf die Zusammensetzungen beschränkt ist es jedoch in Yoorne, wo *grãpor*, *biopor* neben *perę*, also nicht alte Entlehnung.

[3] In *pire-mire* kann ich nichts anderes sehen als *père-mère* mit ganz geschlossenem *e*. Vgl. S. 19 n. 1.

[4] Diese Erklärung verdanke ich J. Gilliéron. — Wie lebendig dieses Gefühl ist, wurde mir besonders klar, als mich ein junger Bursche aus Villars-le-Terroir mit Entrüstung zurechtwies: „Comment, moi, dire *par* et *mar*? c'est se foutre de ses parents!"

[5] Diese werthvolle Bestätigung rührt her von persönlichen Aufzeichnungen abbé Rousselot's.

brauch belegt ist, constatire ich auch Einführung der französ. Formen.

Was nun endlich das im ganzen Nordfrankreich — Paris ausgenommen — gebräuchliche *pęr-męr* betrifft, so ist im Einzelnen schwierig zu sagen, ob es importirt oder indigen ist. Für das Letztere spricht z. B. das Wallonische, wo die Form mit *ę* die lautgesetzliche ist (*ęręr* < ARATRUM in St. Hubert). Dass man andrerseits im ganzen franco-prov. Gebiet als importirte Form ein *pęr-męr* vorfindet, (so in der franz. Schweiz und gelegentlich in Savoyen, *pire-mire* im Wallis[1] und *pée-mée* in Aosta), scheint darauf hinzudeuten, dass wir den Anfang des Eindringens französischer Formen in eine Zeit zu setzen haben, wo die Gemeinsprache noch *pęr-męr* sagte[2], also ungefähr ins XVII. Jahrhundert. Dazu würde auch die Bemerkung Mistral's annähernd stimmen. S. 17.

Zusammenfassend können wir sagen: die schriftsprachliche Form für Vater und Mutter dringt in Italien weniger schnell und später in die Mundarten ein, als in Frankreich. In beiden Sprachgebieten gehören unsere beiden Begriffe zu den ersten, die in gemeinsprachlichem Gewande dem mundartlichen Sprachgut einverleibt wurden. Die Einführung des neuen Wortes geschieht bei der Anrede, in Südfrankreich wenigstens; sie scheint auf franco-prov. Gebiet durch eine unedle Verwendung der alten Form begünstigt zu werden. Sie kann ferner rückwirkend sein: so hat sie in Frankreich eine Bedeutungsentartung (Entedelung) des alten Wortes, soweit dieses bleibt, zur Folge.

---

[1] Dass *pire* aus importirtem *père* entstanden, scheint mir die im *pire*-Gebiet ausgesprochene Lauttendenz *e* zu *i* (s. Pl. 12 *wîpa*, *fenîtra*, *ître* sowie *fîre* < FACERE ebenfalls nur Entremont Pl. 5 Atlas phon.) äusserst wahrscheinlich zu machen. Das Bewusstsein, *i* der Mundart entspreche fr. *ę* mag mitgewirkt haben. Die lautgesetzliche Herleitung Ascoli's Agl. III 99 n. aus **paire* lässt die Form *pare* unerklärt.

[2] Vgl. Thurot, La pron. française 1881 I. 71 ff.

b. DER FAMILIÄRE (KINDERSPRACHLICHE) AUSDRUCK.

Die hier zur Sprache kommenden Ausdrücke sind ursprüngliche Lallwörter, d. h. spontane, sinnlose Äusserungen des sich im Sprechen übenden Kindermundes, denen die Erwachsenen, je nach Umständen, eine bestimmte Bedeutung untergeschoben haben [1]. Daher werden denn alle diese Wörter zur Bezeichnung der verschiedensten Dinge aus der Umgebung und Welt des Kindes verwendet: *tata* Vater und Grossvater, *pappa* Vater und Speise, *πάππος* alter Mann und Grossvater, *bab(a)* Vater, alte Frau (rumänisch) und Speichel, *mamma* Mutter, Mutterbrust, Milch [2] und Grossvater (vegliot. Agl. IX. 174), *nana* pers. Grossvater, alban. Vater, griech. *νάννη* Tante, irl. *naing* Mutter, (Pictet, Orig. indo-europ. 3, 35 etc.). Dabei braucht kein eigentlicher Bedeutungswandel vorzuliegen; sondern der ursprünglich sinnlose Ausdruck wurde beliebig mit einer begrifflichen Function betraut. Dies ist die einzige Art von „Urschöpfung", die bei Bezeichnung von Verwandtschaftsbegriffen in Betracht kommt. Diese kindersprachlichen Bildungen im Sinn von Vater und Mutter werden, ausser vom Kind, das sie bis zu einem gewissen Alter ausschliesslich braucht, gewöhnlich verwendet 1. in der Anrede, 2. als Sagenamen vom eigenen Vater (Mutter) und zwar nur Familienangehörigen gegenüber und 3. als Sagenamen vom Vater (Mutter) eines Andern, aber nur im intimsten Verkehr.

Solche Ausdrücke waren im Lateinischen TATA [3] und MAMMA (über PAPA S. 26). Ihr romanisches Schicksal ist im Gegensatz zu demjenigen von PATER-MATER ein durchaus un-

---

[1] Pictet, Origines indo-europ. sagt: „ce sont les parents qui font des mots significatifs de *papa*, *baba*, *tata* en se les appliquant." Dieselbe Ansicht, es seien die Laute des Kindes „Sprachstoff für die Eltern gewesen" spricht Th. Curti aus. Entstehung der Sprache durch Nachahmung des Schalles 63.

[2] Vgl. Ph. Wegener, Unters. über die Grundfr. des Sprachlebens Halle 1885, S. 13 „das Wort (*mama*) wird zur Hilfe oder zum Mittel, ein vorhandenes Unlustgefühl zu beseitigen".

[3] ALL. VI 121 u. VII. 584.

gleiches. Wir haben somit zu scheiden zwischen ganzer und teilweiser Beibehaltung des lat. Doppelausdrucks. — Ganze Beibehaltung zeigen Rumänien, Italien und Illyrien (*tuóta* vegliot. neben *pare* venez. vgl. *tuont*, *truar* = *tanto*, *trarre* Agl. IX. 184). Überall haben *tata* und *mamma* an Ansehen gewonnen. Aus vertraulichen Kinderwörtern sind sie zum eigentlichen Vater- und Mutterausdruck erstarkt, ja sie haben sogar, wie im Rumänischen, in der Litteratursprache Eingang gefunden. Ebenso einziger und vollgültiger Ausdruck sind sie in allen südlichen und einigen nördlichen Mundarten Italiens (Val Tellina: Cercino (nach Monti); Bergamo: in Treviglio, Ponte S. Pietro, Curnasco, Curno Sovero, Bruso Porto, Varone; ferner in Modena nnd in der Romagna) vgl. *tĕta* pl. *tĕtan* = Vater (Kosewort) XIII com. tedeschi. Das TATA-Gebiet wird vom tosc.-romagn. *babbo* unterbrochen [1], wenn nicht für das oft sporadische Auftreten im Norden Neuschöpfung anzunehmen ist. *Atta* im Val Maggia und *tat-tatta* Grossvater in Graubündten scheinen mir deutscher Herkunft S. 35. — Formell ist zu bemerken, dass man im Süden gelegentlich *tatá* [2] — wohl nach *papá* gebildet — [3] findet. Auch *tá* allein, vermutlich eine familiäre Abkürzung von *tatá* (wie franz. *p'pá* für *papa* Loir et Cher Rev. d. p. g. rom. I. 202 Charente, ib. 282 Yonne II 112) kommt vor in Crema (Wb.) und in Cosenza (Scerbo 46) [4]. Über die Erweiterungen mit Suffixen vgl. S. 24. — Nicht als vollgültiger, wohl aber als vertraulicher Ausdruck findet sich *tata̱* auf der hiberischen Halbinsel (ALL VI 121) auch in litterarischer Verwendung [5]. Ob es dort auf Tradition be-

[1] Nach Nerucci, S. 145 kommt sogar in der Toscana *tata* (*tato*) zur Bezeichnung der Eltern vor. *tata* scheint in der Romagna als *tato* Brüderchen fortzuleben. S. 59.

[2] So in den Abbruzzen, in Foggia und in Sizilien.

[3] Was um so leichter möglich ist, als die einheimischen Lallwörter meist accentlos sind.

[4] Das Albanesische scheint in seinem *at*, in der Anrede *ate* den indogermanischen Stamm aufzuweisen (vgl. ahd. *atto*, *Edda*, *Attila*, schweiz. *ätti*; AT-AVUS, *atano* S. 24).

[5] Z. B. in *El Alcalde de Zalamea*, Jornada I Escena IV wo *tate* in der Anrede.

ruht oder neu entstanden ist, würde eine Untersuchung der Mundarten vielleicht zu entscheiden vermögen. Auf gallischem Boden -- von *tata* im Bergàmaskischen abgesehen — scheint der Stamm TATA sich nirgends erhalten zu haben, vgl. jedoch Nr. 4 S. 61, Anm. 3. — Ausserdem ist es bei den Juden gebräuchlich. — Die teilweise Erhaltung des lat. Doppelausdrucks bezieht sich auf MAMMA. *Mamma* ist eines jener sehr seltenen Wörter, die in keiner romanischen Sprache, in keiner romanischen Mundart fehlen, während sein männliches Pendant von Idiom zu Idiom variirt[1]. Auch scheint *mamma* eher und bälder zum vollgültigen Ausdruck herangewachsen zu sein, als die entsprechenden kindersprachlichen Masculina. Wenigstens steht es, im Tessin z. B., auf derselben Höhe mit PATER — allerdings in abgekürzter Form —, d. h. in jenem *pa-mam* S. 27 ff. ist MAMMA dem PATER an Gefühlswert gleich. Über *maman* S. 25—27.

B. UNEIGENTLICHE TRADITION

(lat. Wort mit veränderter Bedeutung).

Das Lateinische kennt zwei Ausdrücke zur Bezeichnung der Eltern in ihren sexuellen Functionen: PARENS und GENITOR. Beide haben in den romanischen Sprachen Gebrauchsverschiebungen erfahren.

1. PARENTEM ist im Albanesischen, *print*, der gewöhnliche Vaterausdruck geworden. — Im Surselvischen, nicht aber im Engadin, wird *parent-parenta* zur Bezeichnung der Eltern gebraucht. Über ihren Gefühlswert und ihre Volkstümlichkeit vermag ich nichts auszusagen. Bemerkenswert

---

[1] Dass es wirklich Erbwort und nicht jeweilen reproduzirtes, dem Kindermund entlehntes Lallwort ist, beweist seine lautgesetzliche Gestaltung in rom. Mundarten z. B. *mam* wallon., *mame* und *flame* friul. Sc. *bonŏ mammŏ* Val di Rumo Agl. I. *papo-mamo* und *tanto* auvergn. *pǫppa-mǫmma* neben *pǫre-mǫre*, Champorcher (Aostatal), *mõma*, *fiõma* Acqui. Allerdings ist die Übereinstimmung nicht überall genau, z. B. *mum̃ę* aber *flom̃e*, *onda* Flims, doch wird der anlautende Nasal die grössere Verdunkelung herbeigeführt haben, vgl. *mumare* für **mamare*, S. 25.

ist immerhin, dass in diesen beiden Sprachgebieten sich keine Spur von PATER-MATER findet.

2. GENITOREM hat auf echt italienischem Boden an begrifflicher Ausdehnung gewonnen. Es scheint besonders im Nordosten Italiens gebräuchlich zu sein. Bei Goldoni wechselt *genitore* mit *padre* ab, sogar in der Volkssprache oder im Munde von Kindern, auch im Friaul soll *genitore* üblich sein. Sonst scheint es ausschliesslich litterarische Verwendung, besonders bei modernen Dichtern, gefunden zu haben. — Beide Ausdrücke, der erste in Frankreich, der zweite in Italien, bezeichnen im Plural die Eltern[1]; (auch *parenti* kommt it. so vor: *E li parenti miei furon Lombardi* Inferno 1; *i duo primi parenti,* Orl. fur. 34, 60, vgl. Petr. termine letterario, ohne Beisp.)

Anhang: Hier lässt sich einreihen eine eigentümliche Femininbildung zu HOMO, *oma* = Mutter[2] (plural *oms* oder *omans*) Südtirol 25 (Grödn, Bad Enneberg) und Agl. I 361 (Corvara, valle dell' Abadia) und im Bergell. Es scheint der umgekehrte Bedeutungswandel vorzuliegen wie im Entremonttal: MATER zur Bedeutung „das Weibchen", so hier „die Männin" = Mutter, oder bergamask. *madrù* msc. zu *madra.*

II. ROMANISCHE WORTSCHÖPFUNG.

A. IM ANSCHLUSS AN DIE TRADITION.

Der lateinische Wortschatz für Vater und Mutter hat in morphologischer Beziehung mannigfache Erweiterungen und Umformungen erfahren. Die meisten derselben geben

[1] Ausserdem heisst „Eltern" : 1. *payrous* béarn. *payrons* valdesisch Agl. XI 301; *pais* port.; *i nošti pa* Mendrisio. -- 2. *gens* norm. Côte d'Or, *le hã* Charente Rev. des p. grom. I 281; *mous moundes* St.-Brancassi (Isère) Rev. des l. rom. XXI 140. — 3. *lé pĕr è mĕr*, von Vögeln (ib.), *pa e ma* H. Vienne, *nos père et mère* Manon Lescaut 71. *par e mar* Giaseno (Torino), *pa e mama* Intra; *me pẹr ma mẹr* (ohne et) Saône et Loire.

[2] „*Omans grand'mères*" Rom. XXIII 337 muss ein Irrtum sein.

dem lateinischen Ausdruck ein familiäreres Gepräge. Die Mittel dazu sind folgende:

a. Suffixe.

Die Beispiele sind meist sporadisch. 1. -ETTUM franko-provenzalisch: *paret* in Loire und Drôme, *peret* franz. Schweiz: Grandson, St. Croix, Bulle (Stalder). Die Bedeutung ist wohl immer noch diminutiv. 2. -ĪNUM: *payin-mayine* Orthez (Basses Pyrénées) ferner *paizinho* port. 3. -ITA. Das Spanische kennt *papita, ta-ita* für **tata-ita* und *ma-ita* (Tollhausen). 4. -ELLUM: in der Basilicata finde ich *tatẹl* als gewöhnlichen Vaterausdruck, vgl. Nr. 4 S. 74, ferner *tadil̃-mamil̃* Monte Canino und S. Germano. 5. AN. Ein Rest altdeutscher Declination[1], der als Suffix gefühlt wurde, scheint folgenden Formen zu Grunde zu liegen: spätlat. TATANI-MAMANI, ALL II 580, altlomb. *madre* neben *madran(e)* Bescapè 700, siz. *mammana*, vielleicht nach einem **tatano*, und endlich das merkwürdige *atano*, ebenfalls in der Basilicata (Vigiano) und als *attane* tarent. (nach M.-Lübke Gr. II 25) Ortanova (Foggia) [wegen des fehlenden *t* vgl. alban. *at*, lat. ATAVUS, ahd. *atto*, dazu das Nebeneinander von *amma* (span.) und *mamma*, *ante* und *tante*]. 6. *ustré*. Der seltsame Bauernargot von Montmorin (H^es Alpes) bildet die Formen: *patustré* und *manustré*, die sich offenbar an PATER-MATER anlehnen. Völlige Neubildung weist der Jargon des Val Soana auf. S. 33. 7. *üa*: immerhin hat sich MAM erhalten in *mam* + *üa* Val Soana, gergo. 8. Häufig ist in Italien das Übergehen in die A-Declin. *madra* (volgo infimissimo) mail. (Cher.) Parma M. *medra* Reggio. — Über die prinzipielle Suffixfrage vgl. M. Bréal, Mém. de la soc. de linguistique VIII 251.

[1] Vgl. Meyer-Lübke Gramm. II 24, 25 und Rom. XXIII 321 ff., wo G. Paris die germanische Herkunft wiederum abweist.

b. Kindersprache.

Vorbemerkung. Jedes Wort nimmt im Kindermund eine andere Gestalt an; sein Lautbestand wird vereinfacht, d. h. auf einige wenige elementare Kinderlaute reduzirt. Die so gekürzteF orm wird nun meistens — gewissermassen um die weggefallenen Laute quantitativ zu ersetzen — doppelt gesetzt. Diese so[1] entstandenen kindersprachlichen Umbildungen (nicht Neubildungen) des überlieferten Wortmaterials werden häufig von den Erwachsenen, die sich, wie natürlich, auch ihrerseits dem Kinde sprachlich anbequemen, aufgenommen, adoptirt und finden so schliesslich definitiven Eingang in den eigentlichen Wortschatz der Sprache. Dieser Vorgang lässt sich bei Verwandtschaftsbegriffen besonders häufig beobachten und scheint innerhalb der romanischen Sprachen hauptsächlich Frankreich eigen zu sein.

1. *pépère-mémère* Meuse und Seine et Oise, *memée* in Blois (Thibaut), sonst werden die Formen in ganz Nordfrankreich für den Grossvater (Grossmutter) gebraucht. S. 70. 2. *papai-mamai* scheint im ganzen *pai*-Gebiet vorzukommen. Belegt sind mir H. Pyrénées, H. Garonne, S. Girons, (Ariège Schn. 76), Corrèze. Meist steht es neben *pai-mai*; in Melles (H. Garonne) aber gehört es ganz der Umgangssprache an, *pai-mai* ist dort ausgestorben; *sa mamay* = *la mamá* Balearen. 3. *mumare* auf Menorca, scheint ähnlichen Ursprungs zu sein, im Vokal vielleicht Einfluss von *cumare*. 4. *papapo-mamamo*, Bédarieux (Hérault); das traditionelle (?) Kinderwort PAPA-MAMA ist verdoppelt worden. Der Ausdruck ist dementsprechend noch sehr familiär. 5. *papa-maman*. Beide Formen lassen sich auf die angegebene Weise zurückführen auf die

[1] Es lassen sich bei dieser Lautsubstitution und Doppelsetzung ziemlich bestimmte Regeln feststellen, zu deren Zusammenfassung hier der Ort nicht ist. Ich habe mich begnügen müssen, bei dieser neuen Art von Lautwandel jeweilen nur einige beweisende Beispiele anzuführen.

lat. Typen: PAPPA-MAMMA [1]. Für das Femininum scheint mir diese Herleitung bei der so allgemeinen Beibehaltung und lautgesetzlichen Entwicklung des lateinisch gut verbürgten MMAMA ausser Zweifel zu sein. Anders steht es mit PAPA. Lautlich liegt kein Hindernis im Wege; aber PAPA oder PAPPA ist im Sinn von Vater, Papa schlecht [2] belegt, nach den lateinischen Wörterbüchern zu schliessen war das Wort sehr selten, es scheint dem griechischen *πάππας* entlehnt zu sein und war vielleicht nur als eleganter Ausdruck in den oberen Klassen der römischen Gesellschaft gebräuchlich (vgl. *papá-mammá* in Deutschland), während die Volkssprache TATA sagte. Ob man unter solchen Umständen eine volksthümliche, meines Wissens nur gallo-romanische, Verbreitung annehmen darf oder ob man in *papa* eine gallo-romanische Urschöpfung zu sehen hat, vermag ich nicht zu entscheiden. Im zweiten Fall läge die älteste Spur in *pappóuę-mammóuę* aus Celle und Faeto vor (Agl. XII 66). Andrerseits muss erwähnt werden, dass die Dialectformen keineswegs unabhängige Urschöpfungen zu sein scheinen, sondern im Gegenteil auffallende lautgesetzliche [3] Entwicklung zeigen und somit auf einen — gallo-romanischen oder lateinischen — Typus hinweisen. PAPPA-MAMMA haben in den verschiedensten Gegenden Frankreichs, aber nirgends in grösserem Umfang, die vollgültigen PATER-MATER verdrängt; so in Jumeaux (Puy de Dôme), Var, Hérault, Entraigues (Aveyron), Liffol-le-Grand

[1] PAPPA-MAMMA giebt afr. **pape* (vgl. afr. *pape-gai*) — **māme* (nfr. *măm* aber *păpă*, Liège Rev. d. P. Gallor. I 26) durch Reduplication wird **papape* (vgl. *papapo*) — **māmāme*. Da nun bei solchen Bildungen der Schlussconsonant häufig fällt, *pépé* neben *pépère*, so kommen wir zu *papa-mãmã*, das sich thatsächlich findet in Paris, Pas de Calais, Somme, Côte d'or, creol. neben *maman*. Zur Denasalirung vgl. *bobon* < *bonbon*, *afan* < *enfant*.

[2] Bei Varro soll es neben MAMMA vorkommen. Georges giebt 1. PAPA Vatername, aber ohne Beispiele. 2. PAPĀS = Erzieher Juven. 6, 633. Delbr. 71 od. 448 „PĀPA erst bei Kirchenschriftstellern."

[3] vgl. 22 n. 1. Unklar ist mir das Nebeneinander von *pápo* „terme populaire" und *popa* „personnes aisées" bas limousin (nach Wb). Es muss die Verdunklung zu *o* neuen Datums sein und das alte *papo* nicht ergriffen haben.

(Vosges), L'Isle sur le Doubs, St. Foy Tarentaise (Sav.) Nousty, Oloron (B[es] Pyr.), La Salle (Aostatal) vgl. Petite Grammaire du dial. valdotain 14. Ausserdem ist ihre Verbreitung in allen Culturländern bekannt: *papa-mama(n)* sind nicht nur in die übrigen romanischen Sprachen eingedrungen: in Spanien, in Rumänien und besonders in Italien, wo sie die einheitlichen Wörter ähnlicher Bildung *babbo*, *bubà*, *tata* zu verdrängen im Begriffe sind, sondern sie haben bald ganz Europa erobert.

c. Abkürzung.

Gewisse Wörter oder Wortgruppen, wie Eigennamen, Verwandtschaftswörter, titelhafte Ausdrücke und ähnliche, erleiden oft, aus Überhäufigkeit oder Vortonigkeit, eine Kürzung, die den allgemein anerkannten Lautgesetzen widerspricht (vgl. W. Meyer, Gr. d. rom. Spr. I, 520, Schuchardt, Über die Lautgesetze, 26). Dieser Vorgang scheint mir vorzuliegen in den vielverbreiteten italienischen Formen: *pa-ma*. Folgendes die wichtigsten Thatsachen: 1) *pa-ma* gehören meist der sehr vertraulichen Umgangssprache in den Städten oder der Bauernsprache an; als *voci contadinesche* sind sie in die florentinische Commödienlitteratur eingedrungen, so bei Fagiuoli [1] und Buonarotti, *Tancia* IV, 2; auch bei Petr. — 2) Sie finden sich nur im PATER-MATER-Gebiet, d. h. im Norden (Lombardei, Piemont, Ligurien, Emilia (wo *pä* neben *päder*!) und Toscana, in Venetien nicht) und im Süden (Calabrien: Reggio, und Sizilien: Palermo, Piazza Armerina). Für Mittelitalien ist mir nur die Volksprache Roms belegt [2]. In den übrigen Gebieten des neapolitanischen Festlandes, auf Sardinien und in Rätien, d. h. wo PATER-MATER durch *tata, bab(bu)-mamma* ersetzt wurde, finde ich keine Spur. —

---

[1] *Rime* 6, 177 (nach Tommaseo), *Le differenze agiustàte* I, 3 buon giorno, mè pae oder *Un vero amore non cura interesse* I, 3 vecchio: ho trovato uno sposo ricco. Contadino: per mie'pà? vecchio: per tuo padre appunto.

[2] Nach einer Mitteilung von E. Bovet findet sich *pa* und *ma* in „*Orazio Coccola*", einer humoristischen Zeitung in römischem Dialect.

3) Während *pa-ma* mir in all diesen Gegenden nur vereinzelt und ausdrücklich als familärer Ausdruck angegeben wurde, scheint das Masculinum *pa* um die oberitalienischen Seeen herum bis Val di Blenio Agl. I eine wirkliche Heimat gefunden zu haben. Dort ist *pa* — neben *mam* < MAMMA! — in die Umgangssprache übergetreten. *pa-mam* haben dort das alte *pader-mader* völlig verdrängt. — 4) Dieselbe verkürzte Form zeigen die Composita: *compá-comá*, die jedoch weniger häufig vorzukommen scheinen und zwar bald neben *pa-(ma)*, Tessin; bald ohne das Simplex, Genuesische Küste, Genua ausgenommen.

So weit die Thatsachen. Wollen wir an einer gemeinsamen Erklärung sowohl für die beiden Formen als für die verschiedenen Gebiete festhalten, was mir die Übereinstimmung in Lautgestalt und Verwendung zu gebieten scheint, so kommen drei Erklärungsmöglichkeiten in Betracht: 1) Verkürzung der importirten französischen Formen *papá-mammá*. 2) Kindersprachliche Urschöpfung. 3) Abgekürzte Rufform von PATER-MATER. Gegen die erste Erklärung sprechen historische Gründe. Die französ. Eindringlinge sind neueren Datums; *pa-ma* ist aber schon im 16. Jahrhundert belegt. Ausserdem sind *papá-mamá* noch grösstenteils [1] Eigentum der höheren Stände, während *pa-ma* (vgl. Tessin) echt volkstümlich sind [2]. — Schon mehr Wahrscheinlichkeit hat die zweite Annahme. Auffällig bleibt dabei nur 1. die völlige Übereinstimmung in den verschiedensten Gebieten der sonst so unberechenbaren kindlichen Tastversuchen und 2. die einfache, nicht reduplizirte Gestalt. — So scheint es mir denn am wahrscheinlichsten, dass *pa-ma* im Anschluss an

[1] Für Volkstümlichkeit könnte sprechen *papiṇ* tessin. S. 74.

[2] Statt der französischen Formen, dürfte auch einheimischer gedacht werden. So stellt Scerbo (Dial. calabr. 46) *ma* als troncamento zu *mamma*, wie *ta (tata)*, *zi (zio)*, *na (nanna = nonna)*, vgl. S. 69. In der That könnte *ma* überall auf *mamma* zurückgehen, aber *pa*? das Scerbo (nach S. 147) auch kennt, aber S. 47 nicht erwähnt! Italien kennt sonst PAPA nicht, ausser etwa in *papin*, Tessin. S. 74. Dass es sich nur als *pa* erhalten hätte, scheint mir unwahrscheinlich.

padre-madre entstanden sind[1]. Schwieriger ist es, die Art dieses Anschlusses zu bestimmen. Die Verkürzung kann dreierlei Ursachen haben: 1. Vortonigkeit: sie hat aus FRATE(R) *fra* werden lassen, aus *porta por*, aus *orto or*; dieselbe Verkürzung ist für PATER als geistlicher Titel denkbar; will man aber nicht *padre* in Sätzen wie *padre, vien' quà* als vortonig bezeichnen, so kommt *padre* im eigentlichen Sinn nicht in vortoniger Stellung vor. — 2. Überhäufigkeit: die hierher gehörigen Fälle sind oft schwer von den vorhergehenden zu trennen: so *cousin*, engl. *coz, oncle* für *avoncle*, *mano* für *irmano*. Immerhin scheinen Verwandtschaftswörter in ihrem Gebrauch als Rufnamen dieser Art Verkürzung unterworfen zu sein, so dass wir *pa-ma* hierher zählen können. Zur Lautreduzirung -ATR- zu *-a-* vgl. *quaino* = *quattrino* in Pisa Agl. XII, 151, ähnliches in Lucca Agl. XII, 123 wo -ATR- zu *are* (vgl. *compare*): *quarino* = *quattrino*, *lari* = *ladri*, beides Spielausdrücke und somit „überhäufig" gebraucht. 3) Kindersprachliche Vereinfachung[2] (vgl. S. 25, 26 u. 1). Das Kind kann nur unvollkommen nachahmen, solche Nachahmungen können so gut wie die kindersprachlichen Neubildungen in der Sprache Aufnahme finden. Wer aus *tambour abou*, aus *teinture tatu*, aus *bonjour bojou*, aus *tante tan* macht, kann auch *padre-madre* resp. die vulgären Formen *pate-mate* (De vulg. Eloqu. II, 7) altumbr. Jac. da Todi und neuneapol. (Andreoli) *pęte-męte* aretin. oder nordital. *pare-mare* etc. zu *pa-ma* „verstümmeln". Diesen beiden letztgenannten Ursachen, besonders der ersten, möchte ich unsere Verkürzungen *pa-ma* zuschreiben.

Vergleichen wir dazu *compare-comare*[3], so stellen sie die vermisste Zwischenstufe dar — ein *pare-mare* neben

---

[1] So auch Traina (Voc. sic) *pa, apocope di padre*

[2] Beispiele dafür finden sich in systematischer Zusammenstellung bei G. Deville, *Notes sur le développement du langage* Rev. de ling. 23. 24. Entsprechendes aus dem Deutschen bei W. Preyer, *Seele des Kindes*, Leipzig 1884.

[3] Fast in allen Dialecten, ohne Rücksicht auf die Form von PATER, so *cumpari* aber *patremma* calabr., doch zuweilen auch *kumpadęr* Sabionetta (Mantova) oder das andere Extrem: *gopái-gomái* sard.

padre-madre finde ich nirgends. – Diese stufenweise Verkürzung[2] von *padre* entspricht offenbar einem verschiedenen Gefühlswert des Wortes. Wie man von *„guten Morgen“* über *gut-morn* zu *gt-moin* gelangt (vgl. Schuchardt, Über die Lautg. 26), so konnte aus *padre* über *pare pa* werden, wobei der Unterschied nur darin besteht, dass die accidentellen Abkürzungen von *padre* ihren individuellen, unbestimmten Character aufgegeben haben, um Gemeingut der Sprache zu werden, um sich dem Bewegungsgefühl vieler und schliesslich aller Sprachgenossen mitzuteilen.

d. Verwachsung.

In Süditalien, früher auch tosc., schliesst sich das Poss. Pronomen, das dem Wort nachgestellt wird, so eng an dasselbe an, dass es dem Sprechenden kaum als solches zum Bewusstsein[3] kommt. So kann man *patemo, pateto* neap. (Andreoli) als halbe Verwachsung bezeichnen. Diese Erscheinung wiederholt sich bei jedem Verwandtschaftswort; ich habe sie nur ausnahmsweise wieder erwähnt. Die Fälle sind zusammengestellt bei J. Ulrich, ältere it. Novellen. — Unklar ist mir: *бua-бma* Calvi (Corsica) in der Anrede, sonst *uno abo* (viell. *uno mio babbo*) — *o mo máma*, vgl. *móuę̥, moę̥* neben *mammóuę̥* Faeto Agl. XII, 66 vielleicht = *mamma mia*.

B. OHNE ANSCHLUSS AN DIE TRADITION.

Der Vater-Mutter-Begriff hat nach drei Richtungen hin zu Neubezeichnungen Anlass gegeben: 1) in Bezug auf die dominirende Stellung der Eltern im Hauswesen; 2) in Bezug auf das Altersverhältnis zu den Kindern; 3) in Bezug auf das persönliche Gefühlsverhältnis der

---

[1] Ein Ansatz dazu könnten schon die einsilbigen Formen *pair, frair* Bert. de Born, ed. Stimming Gloss. sein.

[2] Fragte ich z. B. *come dice per fratello?* so hiess es regelmässig *fratemo*, (*fratemo consubrino* = Vetter).

Eltern zu den (kleinern) Kindern. Im ersten Fall geht die Bezeichnung von den sozial Untergeordneten, in den beiden andern Fällen geht sie vom Kinde aus.

a. Soziale Stellung der Eltern.

Der PATER FAMILIAS oder Hausvater, Hausherr (Hausfrau, -mutter) heisst: 1) *segno*[1]*-dona*, Canton Freiburg: Gruyère; Avenches, Domdidier, Dompierre, Léchelles (nach Gauchat), Cujy, auch Waadt: Granges. *sire-dan* (*dam*, Fourges)[2], Dép. Doubs und Jura (val de la Loue) nicht m. *messer* (Tommaseo), zuerst nur Titel für den Vater, dann diesen selbst bezeichnend. *gnore-gnora*, Neapel, neben *gnopatre-gnomatra* (Andr.), vgl. *gnurpatre* calabr. und *donamare*, Monferrat. *done mari* Friaul. -- 2) *rezidór-rezidóra* = *padre (madre) di famiglia*[3] Brescia (Voc. 1759) aus REGITOREM, vgl. *resur* = *sindaco* im Gergo berg. — 3) *padron*, soll im Sinn von Vater gebraucht werden in Massa (Lucca). — 4) *dabe-dabuche*, Pariser Argot, gehören wohl hierher, da sie ausser Vater, Mutter auch *maître* und *maîtresse*, *dabe* auch Gott, bedeuten.

Es sind dies alles ursprünglich oder jetzt noch ehrende Titel[4], Ehrfurchtsbezeichnungen, *termes de respect*, die, wie ich vermute, anfangs nur von der Dienerschaft des Hauses dem Hausherrn und der Hausfrau gegeben wurden. Diese

---

[1] Nom. oder c. obl.? Gauchat nimmt Patois de D. S. 6 SENIÓRE an: denn *senior* hätte **sínyu* nach *vínyu* S. 27, *víyu* S. 68 ergeben. Weit mehr Gründe scheinen mir für SÉNIOR zu sprechen 1) der nom. ist zu erwarten, 2) die angesetzte Form findet sich: *signou* Granges, (Payerne) (nach Laientranscription allerdings), 3) SENIOR nicht = VENIO, vgl. *sire* und *viens!* 4) SENIORE = **senyão* nach Gauchat selbst, der von da zu *sényo* Accentwechsel anzunehmen scheint. S. 6. Wenn *sire* für **seindre* = SÉNIOR, so ist es *sényo* für *sinyu* gewiss auch.

[2] Dazu bemerkt Tissot: „a dû être un terme d'estime, serait plutôt auj. un terme de mépris."

[3] Im tosc.-bresc. Teil ist *padre* mit *rezidor*, aber *madre* mit *mare* wiedergegeben.

[4] So Bridel zu *„donna"*: l'enfant en parlant à sa mère l'appelle *donna*; c'est son titre d'honneur.

Titel wurden von den Kindern, die ja ebenfalls unter dem Hausherrn stehen, adoptiert [1]. Dass dem so ist, darauf scheint mir ein Übergangsstadium, eine Art Compromiss zwischen der alten, titellosen und der neuen, nur titelhaften Benennung hinzudeuten: nämlich der Fall, wo Verwandtschaftswort und Titel zu einem Ausdruck verschmilzt, wie in 3., vgl. *messiăvu, donanda*. Was wir schon bei Anlass der „indirecten Verbreitung" S. 16 beobachtet, wiederholt sich hier: der neue Ausdruck führt sich bei der Anrede ein: so z. B. giebt Bridel an: *schena, schegna, (= segna)* in der Anrede, sonst *père*. — Ich bin wiederum nicht im Stande aus Mangel an zusammenhängenden Beispielen den Gefühlswert aller dieser neuen Ausdrücke zu bestimmen, noch anzugeben, inwieweit sie die Überlieferung gestört haben. Bei 4. und 5. scheint jedenfalls der Begriff „Hausherr" vorwiegend zu sein. Das freiburgische *segno-dona* aber hat voll und ganz verwandtschaftliche Bedeutung angenommen. Auch wird es nicht nur in der Anrede, sondern auch da gebraucht, wo man schlechthin den Vater als solchen bezeichnen will oder sogar da, wo man in vertraulich-zärtlicher Weise von der Mutter spricht, *paura dona* [2].

b. Altersverhältniss.

In gewissen meist etwas roh empfindenden Sprechkreisen benennen die Kinder die Eltern zuweilen nach dem in die Augen fallendsten, äusseren Unterschied: dem des Alters, vgl. der Alte oder Antike in der deutschen Studentensprache. Es sind bezeichnenderweise zwei Gaunersprachen,

---

[1] Über deren soziale Gleichstellung mit dem Hausgesinde, die eine solche Übertragung erst möglich zu machen scheint, S. 44.

[2] Zur Ergänzung des Gesagten ist es von Wert den umgekehrten Bedeutungswandel zu erwähnen. Dieser scheint mir vorzuliegen im Gergo bergamasco, wo *madra = padrona*, *madrù = padrone*. Das Masc. ist merkwürdigerweise vom Fem. abgeleitet. Für Vater, Mutter werden ganz andere Stämme verwendet. Vgl. b 2. Wurde also vorhin der Titel des Hausherrn zum Vaterausdruck, so adoptierte hier offenbar das Hausgesinde eine Bezeichnung, die ursprünglich nur den Kindern zukam.

die so vorgehen. 1) *dürbi-dürbja* in Val Soana, Agl. III, 60, *dürbi* als adj. = alt. — 2) *baldro-baldra* im Gergo bergamasco. *baldro* als adj. = alt. Nach der Übersetzung des „Verlorenen Sohnes", Biond., wo *dürbi* als gewöhnlicher Ausdruck neben *pà* in der Anrede steht, zu schliessen, wären diese Wörter unbekannter Herkunft die alten. Über den Gefühlswert von *baldro* weiss ich gar nichts. Ich vermute, es werde den Ausdrücken immer noch etwas Unfeines anhaften.

c. Kindersprachliche Urschöpfung.

Wir haben bereits im Capitel I lateinische Lallwörter TATA(PAPA)-MAMMA kennen gelernt, die zur Bezeichnung der Eltern verwendet werden. Diese so lebensvolle Quelle der Wortschöpfung scheint in der romanischen Sprachperiode eher an Kraft zugenommen zu haben. Der lat. kindersprachliche Wortschatz wurde, wie wir gesehen haben, fürs Fem. überall beibehalten, fürs Masc. nur teilweise. Die Neubildungen betreffen also nur Letzteres.

1) PAPA würde in erster Linie hierher gehören, wenn seine Entstehungszeit mit Sicherheit der romanischen Periode zugewiesen werden könnte S. 26. — Die italienischen Mundarten zeigen vor Allem eine bemerkenswerte Mannigfaltigkeit in dieser Beziehung. 2) Der Stamm BABA tritt in drei Formen und Gebieten auf: *α*. *bap* als einziger, gewöhnlicher Ausdruck in Rätien. *β*. *bobà*, *bubà (bupà)* in der Prov. Brescia: Cassago S. Martino; Malonno, Edolo, Chiari und in allen Wörterbüchern, vgl. *pupà* Romano (Bergamo), *popà* Soncino (Cremona). *γ*. *babbo* in der Toscana seit dem 13. Jahrhundert, Dante, *babo* in De vulg. El. II, 7, Inf. 32, 9, Par. 14, 64. *băbo* Deruta (Perugia), Rom. *bap* in der Romagna: Forlì, Faenza, Ravenna, Cattolica (Zucc.). *bab(b)u* auf Sardinien als einziger Ausdruck Sp., *babos*, *mamas* (Carboni). *bapu* auf Corsica: Ajaccio. (Zucc.) Verschiedene Lautgestalt, wechselnder Accent, ändernde Geschlechtsendung und isolirtes Vorkommen bieten der Erklärung fast unentwirrbare Schwierigkeiten. Mit einer kindersprachlichen Bil-

dung haben wir es jedenfalls zu thun. Die Formen unter *α* und *γ* sind offenbar Überführungen der kindersprachlichen Lautreihe *bab(b)a* (die stimmhafte Variante zu *pap(p)a*) in die Flexion der masc. Subst. (Endung *o*, *u* oder endungslos, je nach dem Idiom). Bei den brescianischen Formen *β* mag zwar die Trübung des a von **baba* auf einer dort herrschenden Lauttendenz beruhen; auffällig bleibt sicher der oxytone Accent [1]. Bei dem historischen Dunkel, das über *babbo* und seinen Gefährten liegt, wage ich keine Entscheidung [2]. — 3) NANA = *mare* acatal. vgl. *nene* alb., *nana* serb. Mutter. — *nane* in vertraulicher Rede in Osse (béarn). — *nunnu* neben *mammana* in Sicilien. Vgl. No. 4. Ich habe es nur in Wörterbüchern gefunden (auch Gröber, Grdr. 811 und K.).

d. Verwandtschaftsübertragung.

Ein einziger Fall: *rataye*, scherzhaft *ratataye* aus RE-ATAVIA S. 66, wird in Mons (Sigard) im Sinn von Vater

[1] Sieht man darin eine verschiedene Interpretirung der kindersprachlichen Lautreihe *bababa*: der eine ist geneigt *bába*, der andere *babá* zu hören, vgl. schweizer. *pápa*, norddeutsch *papá*, ähnlich wie im gleichförmigen Tiktak der Uhr verschiedene Rhythmen gehört, d. h. hineingelegt werden können, so ist nicht einzusehen, warum diese oxytone Interpretirung nicht auch die entsprechende (weibliche) Lautreihe — *mamama* — ergriffen hat, kurz warum *bubà* neben *móma* steht.

[2] Vielleicht ist doch die Erklärung Gigli's, Verfassers des *Vocab. Cateriniano*, nicht ganz zu verwerfen. Gestützt darauf, dass Caterina da Siena sogar den Papst mit *„carissimo babbo“* anredete, stellt er die einzige mir bekannte eigentliche Etymologie auf, wenn er sagt: *Dal nome ebreo Abad* (vgl. *abba* „lieber Vater“) *venne a noi questa voce; si dà tanto a superiori per natura, come padre, quanto a superiori per dignità, come nel monachismo abbate si dice.* In der That, die Form würde keine Schwierigkeiten bieten: aus dem Voc. *abba* wäre durch Verdoppelung **babba* entstanden (vgl. *ravo, tante, tata* neben *attu* und *at*) daher das brescianische *bobà*, neben *móma* (Accent nach *papà*); für die toscanisch-sardische Gruppe muss in jedem Fall Übergang in die masc. U-Declination angenommen werden. Auch der Übergang eines geistlichen und dann wohl allgemein ehrenden Titels zu verwandtschaftlicher Bedeutung ist nicht selten: vgl. *nonno*, vielleicht sogar *nunnu* = Vater, das Umgekehrte in *suruuk* S. 102. Über den Gebrauch von *abba* ALL II, 292.

verwendet. Das Umgekehrte ist häufiger und natürlicher. S. 73 ff.

c. Entlehnung.

Deutschen Ursprungs ist ohne Zweifel *atta* Val Maggia (Stalder, Monti), aus schweiz. *ätti*.

UNBEKANNTES.

musc-muscia, *mugia* Puschlav (Monti). *mosc* Bormio, Valle di Drentro. — *daidot-menne* Séquanie (Jura).

ZUSAMMENFASSUNG.

Die Scheidung zwischen litterarisch-vollgültigem und familiärem, vertraulichem Ausdruck ist sowohl lateinisch wie romanisch. Doch hat sich das traditionelle Verhältnis der beiden oft verschoben: Wörter der zweiten (kindersprachlichen) Serie sind sehr häufig in die Functionen der ersteren Ausdrücke getreten (Rumänien, Graubündten, Sardinien etc.) und haben sie völlig verdrängt, besonders in abgelegenen Mundarten. Das Umgekehrte ist seltener (*pa-ma*). — Die Symmetrie der Ausdrucksweise bleibt für PATER-MATER bestehen, sie wird gänzlich aufgegeben für die kindersprachlichen Bildungen. Wo derselbe Mutter-Ausdruck, braucht nicht der entsprechende für Vater zu stehen. Ein PATER verlangt ein MATER, MAMMA dagegen kennt mehrere männliche Entsprechungen, MAMMA ist gemeinromanisch, TATA, sein vulgärlat. Pendant, ist es nicht. — Was die Gesamtheit der romanischen Sprachen im Grossen, hat uns Italien im Kleinen gezeigt: Mannigfaltigkeit der väterlichen Kosenamen. Wir haben deren im Wesentlichen drei kennen gelernt: 1) *tata*, einen altrömischen, erhalten in Rumänien und Süditalien, 2) *papa*, einen gallo-romanischen und 3) *babbo*, einen nichtlateinischen, altitalienischen Ausdruck, dessen ursprüngliches Gebiet Nord- und Mittelitalien möchte gewesen sein.

Ohne von einigen Umformungen des überlieferten Wortschatzes zu reden, hat sich die romanische Neubezeichnung nach zwei Richtungen hin bethätigt. Die Eltern können Achtung und Vertrauen erwecken; je nach dem Vorwiegen des einen oder des andern Factors nahmen 1) ehrende Titel wie SENIOR, DOMINA oder 2) Lallwörter wie (*papa*) *babbo*, *nunnu* eine verwandtschaftliche Bedeutung an, die ihnen ursprünglich fern lag.

Nr. 2.

SOHN UND TOCHTER.

I. LATEINISCHE TRADITION.

Wie beim eben besprochenen Vater-Mutter-Begriff haben wir auch hier auseinanderzuhalten: A. die Fälle, wo ein lat. Stamm ohne Bedeutungsveränderung den romanischen Sprachen einverleibt wird. B. Diejenigen, wo der lat. Stamm erst in romanischer Periode zur eigentlichen Bezeichnung des Sohn-Tochter-Begriffes dient.

A. EIGENTLICHE TRADITION.

FILIUS-FILIA sind fast[1] ohne Ausnahme in alle romanischen Idiome herüber genommen worden. Was die lateinischen Ausdrücke gegenüber denjenigen der indogermanischen Schwestersprachen kennzeichnet, ist ihre Stammgleichheit. Diese Eigenschaft mag wesentlich zur einheitlichen Erhaltung beigetragen haben. Unser Verwandtschaftsbegriff ist in der That der einzige, dessen lateinische Wiedergabe sich fast dem ganzen romanischen Sprachgebiet vollgültig und bleibend mitgeteilt hat. In einigen wenigen Gebieten allerdings sind bald der eine, bald der andere, bald beide Ausdrücke durch Neubildungen ersetzt worden. S. 41.

[1] Nur das Fem. ist im Rum. ersetzt worden.

B. UNEIGENTLICHE TRADITION.

Vorbemerkung. Wenn ich hier die in No. 1 versuchte Scheidung nach dem Gefühlswert wieder aufnehme, so geschieht es in etwas anderem Sinne. Hier handelt es sich nicht um Respectspersonen. Beide Ausdrücke sind gleich edel und haben den gleichen litterarischen Wert. Der Unterschied ist nach der Präcision hin verschoben. Reden Eltern von oder zu ihren Kindern, so braucht das Abstammungsverhältnis nicht erst ausgedrückt zu werden, für Fremde dagegen braucht es einer genaueren Bezeichnung.

a. Der juristisch präzisirende Ausdruck.

Zwei lateinische Wörter FILIOLUS, Söhnchen, und INFANS, kleines Kind, beide, das erste mehr als das zweite, in verwandtschaftlicher Bedeutung gebraucht, haben in gewissen Sprachgebieten die Rolle eines eigentlichen Verwandtschaftswortes übernommen.

1) FILIOLUS-FILIOLA. An Stelle der kindersprachlichen Ausdrücke bei No. 1 ist bei unserem Begriff die Diminutivform getreten, die, wie jene, gemäss einer Eigentümlichkeit der Sprache im Allgemeinen, oft den vollen Wert des Stammwortes annimmt. Diesen Wandel hat das im Lat. nur als Kosewort gebrauchte FILIOLUS-FILIOLA in Nord- und Mittelitalien erfahren. Da die Grenzen von *figliuolo-figliola* oder ihrer dialectischen Entsprechungen nicht überall zusammenfallen, so können wir im Osten und Westen Norditaliens drei Gebiete unterscheiden: 1) *figlio-figlia* resp. *fi(o)-fia.* — 2) *figliolo-figlia* resp. *fiö(l)-fia.* — 3) *figliolo-figliola* resp. *fiol-fiola* (nach Biond. und einigen eigenen Aufzeichnungen).

Das erste Gebiet umschliesst Norditalien in einem Halbkreis, der von der Provence, vom Franco-prov. (Savoyen und franz. Schweiz) von Graubündten und romanisch-Tirol gebildet wird. Es begreift in Italien selbst ungefähr die Piemonteseralpen und wird gegen *fiöl-fia* hier abgeschlossen durch eine Linie aus dem Aostathal nach Valpergo, Viù, Susa, Oncino, Valdieri, Mondovì, Genua, dann der Küste entlang bis Spezia. — Im Norden gehört Tessin zum Gros Norditaliens d. h. zu *fiol-fiola*. Im weiteren nordöstlichen Verlauf mag die Scheidelinie sich etwa mit der Landesgrenze resp. Wasserscheide decken. Doch sind meine Belege hierfür weitaus mangelhafter. Ausserdem finde ich gelegentlich in alt- und neuvenezianisch *fio* und *fia*. — Auch Faeto *fiau* = FILIUS Agl. XII, 44 und *fiľe* zeigt sich dadurch als francoprov. im Gegensatz zum Piemont. Das zweite Gebiet, von besonderem Interesse als Übergangszone, hat natürlich eine weit beschränktere Ausdehnung. Immerhin gehört ihm zu die piemontesische Poebene, im Westen reicht das Gebiet höchst wahrscheinlich bis ans Gebirge heran, im Osten wird es etwa durch die Ostgrenze der Provinzen Novara und Alessandria abgeschlossen. Im Norden ist mir keine eigentliche Zwischenzone bekannt. Nur ist mir im Bergamaskischen *fia* (*fio* nicht) mehrfach belegt. Doch scheint es im Begriff zu sein durch *fiöla, tusa* oder *stšęta* ersetzt zu werden. Vgl. S. 48 *citto*. Im Osten, speziell im Friaul, scheint ebenfalls ein etwas schmälerer Mittelstreifen vorhanden zu sein, der wie im Piemont mit dem Gebirgsland beginnt[1]. Das dritte Gebiet endlich umfasst den übrigen Teil Norditaliens (die lombardische und venezianische Ebene, Tessin, Bergamasker Alpen und Veltlin). Nach Süden hin gehört ihr entschieden an die ganze Romagna, auch in der Toscana sind vorwiegend die Diminutivformen gebraucht[2], ebenso auf Corsica. Demgemäss herrscht in der Schriftsprache noch Freiheit in diesem Punkt. *Figliolo*, obschon oft genug „Sohn" bedeutend, hat immer noch einen familiäreren, vageren Anstrich und entspricht im Plural eher unserem „Kinder" als unserem „Söhne". Je weiter nach Süden, je mehr nimmt die verwandtschaftliche Bedeutung ab, je häufiger heisst *figliolo* „kleiner Sohn, Knabe". In Rom ist bereits *figlio-figlia* vorherrschend. Die ersten südlichen Belege für deren ausschliesslichen Gebrauch

---

[1] Belegt sind mir die Ortschafen: Feltre, Forni, Claut, Vito d'Asio, S. Daniele, Udine und Triest.

[2] So wurde mir von Landsleuten versichert, man sage in Lucca und Livorno nie *figlio-figlia*.

sind Teramo, Chieti, Monte Cassino, Campagnia. Der ganze Süden sodann mit Sicilien und Sardinien kennt keine Diminutivform.

2) INFANS. Einen ähnlichen Wandel hat INFANS auf gallischem Boden durchgemacht. Nicht nur Kind, wie im Schriftfranzösischen, sondern im eigentlichen Sinne Sohn bedeutet es in einigen Ortschaften Südwestfrankreichs. So *efõ (efã afã)* Entrayens (Aveyron), Bédarieux (Hérault), Gard, Bollène (Vaucluse), Draguignan (Var), La Grave (H. Alpes), St. Paul (B. Alpes). Als Beweis der streng verwandtschaftlichen Bedeutung, vgl. No. 5, S. 90. Auch auf ital. Gebiet findet sich vereinzelt diese Bedeutungsverengerung: *fant* Val di Blegno (Biond.) soll nur Sohn heissen. — Ähnlich wie PARENS und GENITOR, hat der Plural von INFANS in grösserem Umfang streng verwandtschaftliche Bedeutung angenommen: so in Rätien und Nordfrankreich (Paris)[1].

b. Der familiäre, unbestimmtere Ausdruck[2].

Im vorhergehenden Abschnitt a. handelte es sich um die letzte Entwicklungsphase von FILIOLUS und INFANS: die Bedeutung Sohn. Hier soll ein Zwischenstadium: die vagere Bedeutung „Kind, *garçon*", zur Sprache kommen.

1) FILIOLUS-FILIOLA. Das lat. FILIOLUS war ein Kosewort, ein Zärtlichkeitsausdruck. Es ist es noch in der Toscana, es hat im Schriftlateinischen noch nicht den vollen

---

[1] Die collectiven Verwandtschaftsbegriffe: Eltern, Kinder, Geschwister, Verwandte etc., sollten in einer Spezialuntersuchung behandelt werden. Man vgl. LIBERI-*figlioli-enfants* und *Kinder*. Die Abweichungen vom Lat. würden sich wohl meist als grössere herausstellen. Der Pluralbegriff ist unbestimmter als der Singularbegriff.

[2] Um nicht allzusehr vom Begriff der Verwandtschaft abzukommen, werde ich bemüht sein, prinzipiell auszuscheiden alle diejenigen Kinderausdrücke, 1. die als erste ins Bewusstsein tretende Bedeutung die von Knabe, Mädchen haben, die also vorwiegend und oft ausschliesslich bei Unterscheidung der Geschlechter gebraucht werden wie PUER, *ragazzo*. — 2. Die das Kind nur als jungendliches, kleines Wesen bezeichnen: *piccino, fauciullo, creatura* etc., sofern eben nicht derartige Ausdrücke in die Rolle von FILIUS-FILIA getreten sind.

juristischen Wert von FILIUS angenommen, wie im Norden, vgl. S. 37 ff., ist aber doch bedeutend weniger familiär als z. B. *babbo*. Ganz Verwandtschaftswort ist es im Plural, vgl. S. 39, n. 1. Das Wort hat also einerseits die Schwelle des Elternhauses überschritten, es kann auch von den Kindern eines Andern, von den Kindern überhaupt gebraucht werden. Es hat den ursprünglichen, liebkosenden Character von FILIOLUS vertauscht mit dem allgemein vertraulichen von *figliolo*. — Andrerseits hat sich dasselbe Wort in einer ganz andern Richtung entwickelt (was streng genommen nicht hierher gehört). Es hat in gewissen Verbindungen die Bedeutung „Kind" überhaupt abgestreift und bezeichnet ganz allgemein einen Menschen, eine (unverheiratete) Frauensperson, dem (der) man vertraulich und sympathisch gegenübersteht, z. B. *è un buon figliolo, buona figliola* (Petr.). Darin entsricht es dem franz. *garçon* und *fille*, vgl. Tochter in Basel = Mädchen und „Töchterschule".

Kurze Übersicht der Bedeutungsentwicklungen:

I. FILIOLUS = Söhnchen

II. *figliolo* = *Kind*
nördlicher Teil Italiens

V. filleul = Patenkind
Gallien (vgl. Nr. 16).

III. figliolo = (guter) Kerl
Toscana.

IV. *fiöl* = *Sohn*
Oberitalien.

Persönliches Verhältnis in I., II., III. (liebkosend vertraulich).

Juristisches Verhältnis in IV., V. (bei beliebiger Stellung der Person, präzisierend).

2) INFANS. Das gallo-romanische Wort für Kind ist *enfant*, das im Lat. nur die engere Bedeutung kleines, „unmündiges" Kind hatte. *Enfant* hat im Gegensatz zum stammgleichen *fanciullo* 1. die Eigentümlichkeit, dass es zweigeschlechtig

ist und so unserm sächlichen Kind an Gefühlswert am nächsten kommt und 2. hat es seine Bedeutung erweitert, es heisst je nach Zusammenhang Kind oder kleines Kind, Kinder oder kleine Kinder, während *fanciullo* auf ein bestimmtes Alter beschränkt blieb. — Von Südwestfrankreich aus hat es die Piemonteseralpen überschritten, wie die französische Sprache überhaupt: so bis Oulx, Acceglio und Vinadio (Biond.)

Mit FILIUS, FILIOLUS und INFANS ist, wie ich glaube, der lateinische Wortschatz erschöpft, gegen den Neuschöpfungen anzukämpfen hatten.

II. ROMANISCHE WORTSCHÖPFUNG.

A. IM ANSCHLUSS AN DIE TRADITION.

Suffixbildung und Kindersprache haben einige Kosewörter geschaffen; so 1) -ETTUM *fillet, fillette* afr. Godefr. *filheto* altbéarn. An den Nom. angehängt: *fisset-fillette* in Hague. — 2) -OTTUM *fillot*[1] Poitou, Saintonge. *hilhot* Béarnais, Gascogne, vgl. Marot (Le 16ième s. 180 Morceaux ch. wo = *garçon*). — 3) -ONEM *hilhou*, vgl. *papu(n)* S. 74 H[es] Pyrénées. — Endlich eine kindersprachliche Reduplication: *fifi-fifille*. Dict. gén., Diez Gr. II. 441, Balzac Cés. Birotteau 134 ed. Lévy.

B. OHNE ANSCHLUSS AN DIE TRADITION.

Die hier zur Sprache kommenden Ausdrücke haben das gemeinsam, dass sie als eigentliche Bezeichnung unseres Begriffes in keiner Schriftsprache Aufnahme gefunden haben. Sie leben alle nur in oft sehr isolierten Volksmundarten. Das hat für mich zur Folge, dass ich über ihren Gefühlswert nur sehr spärlich unterrichtet bin, weshalb ich die in I B nur mit Mühe aufrecht erhaltene Scheidung hier fallen zu lassen vor-

---

[1] *Fillot* hat sich zur Bedeutung „Diener" weiter entwickelt: so bei Marot und béarn., vgl. *fille* in *fille de ferme, d'auberge*.

ziehe. — Ich versuchte die Ausdrücke einzuteilen nach ihrer wahrscheinlichen Herkunft, nach dem Ideenkreis, der ihnen zu Grunde zu liegen scheint. Dabei bemerke ich ausdrücklich, dass bei all den Ausdrücken die Bedeutung Sohn-Tochter direct nichts zu thun hat mit der angegebenen ersten Apperception des Wortes, dass sie vielmehr stets eine aus derjenigen von Knabe und Mädchen abgeleitete ist.

a. Naturbedingtheit.

α. BEGRIFF „KLEIN“.

1) *pitšót-pitšóta* Rosan (H^es. Alpes) ein Diminutiv vom Stamm *PIC[2]-*(piccolo)*. *ptšŏ-ptšoda* Salanges (H. Savoie) vgl. Nr. 5. Vielleicht gehört hierher das lombardische *sciot-sciota* < *picciot*. — 2) Vom keltischen Stamm MÍN = klein scheinen abgeleitet zu sein: *meyna*[3] Kind, Briançon (H. Alpes). *meño*, enfant, fils. Vionnaz 163 (Wallis).

β. BEGRIFF: „GEZEUGT, GEBOREN“.

fiu-fată rum. von FĒTUS (mit FECUNDUS verw.) das Zeugen, das Gezeugte (vgl. Jugend = Junges) Kind (so *fet(u)* rum.) sard. *fedu* = PROLES, prov. *fedo* Mädchen. Dz. Wb. 582, K.

b. Sitten und Gebräuche: Haarschneiden.

tos-tosa < TONSUS. Das frühzeitige Schneiden der Haare hat in Norditalien und Südfrankreich[4] Anlass zu einer Kinderbezeichnung gegeben, vielleicht auch in Sicilien: *carusu* Knabe aus *carusari* scheeren (Diez Wb., Anhang 749). Nach dem

---

[1] Wesshalb ich auch auf die etymologische Seite hier weniger Sorgfalt legte.

[2] Nach J. Ulrich Ablaut von *pac* (in PACTUM, PAC-NO PANGO) schlagen, festmachen (so K. 5812) also vielleicht wiederum das Zerschlagene. S. 47.

[3] Vgl. Puitspelu *Dict. étym.* 254 *mainat* < MANSIONATUM.

[5] Nach einer gelegentlichen Äusserung P. Meyer's in der Vorlesung.

weiter verbreiteten Gebrauch des Femininums zu schliessen, scheint Sitte und Bezeichnung bei den jungen Mädchen ihren Ausgangspunkt genommen zu haben. In der ursprünglichen Bedeutung: Knabe-Mädchen ist das Wort viel verbreitet und zwar schon in der frühesten Litteratur. (prov. Troubadour; Boccaccio etc., vgl. Petrocchi). Die Crusca verzeichnet es als *voce lombarda* und da scheint auch sein eigentlicher Wohn- und Stammsitz zu sein. In der Bedeutungsnüancirung können wir drei Phasen unterscheiden, die ihre geographischen Entsprechungen haben. 1) Im ganzen Gebiet vom Gotthard bis nach Mailand nähert sich TOSA der schriftitalienischen Bedeutung von *figliola*, im Plural heisst es Kinder: *tosai*, *tosoi* im Tessin vgl. *norai* Schwiegertöchter, *tosón*, *tosán* in Como. (Monti), Mail. Agl. VII, 443. — 2) Gleichwertiges Pendant zu *fiöl* ist es um die oberitalienischen Seeen herum (Jntra, Lugano, Porlezza, Nesso, Mendrisio, Chiasso, Varese). — 3) Den lateinischen Stamm in beiden Geschlechtern verdrängend stehen *tos-tosa* für Sohn-Tochter in Sessa und Chironico (Tessin). — Die Entwicklung ist somit analog derjenigen von FILIOLUS: in beiden Fällen wird ein unbestimmter Kinderausdruck zum Rang eines Verwandtschaftswortes erhoben. Dieser Functionsübergang geht bei FILIOLUS vom Masc. aus, bei *tos-tosa* vom Fem.

c. Sociale Abhängigkeit: Hausgesinde.

In Frankreich allein finden sich einige Sohnes- nicht Tochter-Ausdrücke, die alle in der ursprünglichen Bedeutung „Diener“ übereinstimmen: nämlich *valet*, *ménage*, *(garçon)*.

1) **Valet** von VASSALLETTUS „kleiner Vasall“ ist schriftfranzösisch im Sinne von (Haus)diener. In der ganzen französ. Schweiz aber hat *valè* die allgemeine Färbnng von Knabe, Bursche, im Gegensatz zu *filya* = *jeune fille*, angenommen und schliesslich ist es, wie FILIOLUS, *tosa*, in gewissen Gegenden der Cantone Freiburg (Broie, Dompierre) und Waadt (Jorat, Orbe, Vallorbe (Bridel) Yvorne m.) zur specifischen Bedeutung Sohn emporgestiegen, gewöhnlich lebt FILIUS weiter in *biofẹ* Mollens, Palézieux, Villars-le-Terroir, *biofi*

Yvorne. Was wir bei *enfant*, *tosa*, auch *figliolo* (auch *garçon* S. 47) gesehen haben, treffen wir hier wieder: mit der Verengerung der Bedeutung ist auch eine Verengerung der geographischen Ausdehnung verbunden. — Bemerkenswert ist ferner das Nebeneinander von *valè* Sohn und *volè* Knecht in Orbe (Bridel traduct.); *voulę* Mollens, Villars le Terroir; *valet* ist offenbar importiert und hat dabei seine französische Bedeutung eingebüsst.

Segno, dona und valet, fille: Im Canton Freiburg (Bulle, Dompierre), in Granges (Waadt) ist man versucht *valet* = Sohn in engsten Zusammenhang zu bringen mit *segno-dona* von Nr. 1, S. 31 und aus diesem geographischen Zusammentreffen auf einen socialen Zustand zu schliessen, der ans Sklaventum erinnert, wo der Sohn zu den Eltern im Verhältnis des Knechtes zum Herrn steht und sie daher „Herr“ und „Herrin“ nennt, und wo andrerseits der Vater in seinem Sohn nur seinen untergebenen Diener sieht. — Ohne genauere historische Anhaltspunkte glaube ich jedoch, wäre eine solche Folgerung nicht nur zu gewagt, sondern geradezu irrig. Denn 1) wäre zu erwarten, dass die Ausdrücke *valè*, *segno-dona* sich territorial deckten, was bei weitem nicht der Fall ist; *segno-dona* ist auf Freiburg beschränkt, *valè* = Sohn auch der ganzen Waadt eigen; 2) ist *valè* = Sohn ein verhältnismässig neues Wort in der französ. Schweiz, was schon aus der Dublette zur Genüge hervorgeht. Es ist im Wachsen begriffen, so in der Broie, wo es das alte *fœ* < FILIUM zu ersetzen versucht, während im Gegenteil die weit ältern Ausdrücke für *père* und *mère de famille* ihrem gänzlichen Aussterben entgegensehen. Die Ausdrücke *segno-dona* und *valet* scheinen mir also weder gleichzeitig aufgekommen, noch aus gleichen Verhältnissen entsprungen zu sein. Auch lässt sich ihre neue verwandschaftliche Bedeutung ohne Mühe anders erklären: *segno-dona* als ehrende Titel, *valè* durch die weit verbreitete Zwischenstufe „Knabe, Bursche“.

2) **ménage**[1] < MANSIONATICUM, eigentl. der der *maisnie* angehört, der Hausangehörige, der Knecht. Es ist das süd-

---

[1] Bei Puitspelu Dict. 254 meist als Collectiv.

französische, besonders südwestfranzösiche, *enfant* = Kind, wird, wie jenes, geschlechtlos und vornehmlich im Plural, *mainádžęs*, als „kleine Kinder“ und als „Kinder im Verhältnis zu den Eltern“ gebraucht. In der Form *masnà* = Kinder ist es im ganzen Piemont gebräuchlich. — 2) **garçon** gehört vielleicht ebenfalls hierher; die älteste mir bekannte Bedeutung ist die von Trossknecht (Ducange) vgl. Abschnitt f.

d. Verwandtschaftsübertragung.

Von einer sonderbaren Verschiebung correlater Verwandtschaftsnamen berichtet Finamore, *Voc. dell 'uso abbruzzese* 1893, vgl. Littbl. 1894, Juli. Dort sagt der Vater zum Sohn oder zur Tochter *tatasé*, die Mutter entsprechend *mammasé*; dieser Gebrauch wird sodann weiter ausgedehnt; so die Schwester zum Bruder oder zur Schwester *sorasé*, die Grossmutter zum Enkel *nonnasé*, die Tante zum Neffen *tsiyasé*. Meyer-Lübke erklärt diesen Vorgang l. c. mit vielem Geschick aus der Unvollkommenheit der Kindersprache. „Das Kind, das noch in der III. Prs. spricht, redet seine Mutter mit *mammasé* an; diese antwortet, das Wort des Kindes wiederholend, *mammasé*, ohne damit besagen zu wollen, was in *figliuol mio* liegt: das zweite *mammasê* ist nur ein Echo des ersten. Es muss dann aber eine Zeit gekommen sein, wo sich das Bewusstsein von dem Wesen dieses zweiten *mammasé* völlig verloren hat, das Wort als Anwort auf einen Ruf des Kindes gilt und nun allerdings die Bedeutung von *figliuol mio* annimmt.“ Vgl. wesentlich andere Fälle von Ersatz eines Verwandtschaftswortes durch ein anderes (Schlusstab. B.). — Ein zweites Beispiel, wo die Mutter das Kind anders bezeichnet als der Vater, wird bei Anlass des Amerikohispanischen aus einer Indianersprache *Keshua* berichtet. Ztschr. f. r. Ph. XVII, 192.

e. Fremdsprachliche Entlehnungen.

Das Deutsche hat, wie auch für andere Verwandtschaftsnamen, *tat* < *Dätti*, *bru* < *brût* etc. Eroberungen auf romanischem Gebiet gemacht. Bezeichnenderweise aber wurde das fremde Wort nicht als Verwandtschaftsbegriff importirt, sondern in einer allgemeinen oder verwandten Bedeutung. (vgl. *bru* Nr. 10).

1. **Bueb** aus dem Schweizerdialect, wo es ebenfalls mancherorts das ältere Sohn vollständig verdrängt hat (vgl. Stalder und Idiot.), bürgerte sich in den angrenzenden romanischen Landesteilen ein, *bub, bueb-filya* = Sohn, Tochter im Berner Jura: Diesse, Tavannes (Bridel) auch Gruyère. *Bub-fœye* in Neuenburg, Lignières, Locle; auch Dép. Doubs *buob-buęba* Orsière, Sembrancher (Wallis) m. — *buob-buoba* surselv. als Rufname des Vaters zu seinem Kinde, doch nicht als eigentliches Verwandtschaftswort (Morf).

2. **Drôle** in Südwestfrankreich ist deutschen Ursprungs (drollig). Wenn es auch in erster Linie kleines Kind bedeutet, so dient es doch hie und da zum Ausdruck der Abstammungsverhältnisse z. B. in Gironde: *petito-drollo* = Enkelin. S. 90.

f. Wörter unsicherer oder unbekannter Herkunft.

Eine erste Gruppe bilden drei Ausdrücke, die der ökonomisch- oder moralisch-bedrängten Lage der Kinder entnommen zu sein scheinen. Sie finden sich nur in Gebirgsgegenden.

1. **mendis**[1] (méndic) — *méndi(o)*, vielleicht auf MENDĪCUS (Accentwechsel auffällig) zurückgehend, in Puy de St.-Pierre, (H^es Alpes), Queyras; sei es nun dass die armen Kinder dort betteln gehen, sei es dass eine Metapher vorliegt, wonach die kleinen hülfslosen Kinder mit dem ebenfalls notbedrängten Bettler verglichen und nach ihm benannt wurden. 2. **marri**-*marrio*, wahrscheinlich = afr. *marri* betrübt, gedrückt, ebenfalls in derselben Gegend: Brius, Briançon, wo es recht eigentlich Sohn-Tochter bedeutet vgl. Nr. 5 S. 87 während *mendis* = Kind ist; ferner in La Grave, Champsaur (H. Alpes) als *móri-mória* vgl. *omi* = *ami* Crest (Drôme). Es hat somit eine etwas grössere Ausdehnung als

---

[1] Nicht bei Puitspelu Dict.

sein Pendant *mendis*. Auch tritt die Beziehung zwischen Hülflosigkeit und Kindesalter klarer hervor. *Armis* im Argot von Montmorin (H. Alpes) scheint eine durch Umstellung entstandene Nebenform zu 2. zu sein. 3. Stamm MAT (MAC) (vgl.[1] einesteils *matto* = verrückt, anderenteils sard. *maccu* einfältig, *maccare* quetschen). Das Bindeglied zum Begriff Knabe-Kind-Sohn wäre die Bedeutung des Bedrängten, Bedrückten, Armseligen. Der Stamm findet sich nur vereinzelt in Gebirgsgegenden: nördlicher Piemont, Unterwallis und Rätien. *Mat*, *matet* = Sohn[2]: Andorno (nördlich von Biella) Settimo Vittone (nördl. v. Ivrea), Biond. *matton* Vétroz (Wallis), *mèt-mèta* in Sondrio (Monti), *macà-macana* Berbenno (Veltlin Monti), *matà-máta* = Knabe-Mädchen Oleggio (Novara). Davon abgeleitet *matota* oder *tota* = Mädchen in Alessandria, = Fräulein, Turin. Ztschr. f. r. Ph. XVI 254.

Für die übrigen Ausdrücke bediene ich mich einer rein äusserlichen Einteilung.

Französisches Sprachgebiet. 1. *Garçon*[3], Diminutiv oder cas. obl. zu *gars (ga)*. Als familiär vertraulicher Ausdruck für Sohn, z. B. in *c'est mon garçon*, findet es sich ausser in der Schriftsprache in ganz Frankreich, West und Südwest ausgenommen. Das fem. *gas*, *garse*, ohne jegliche schlechte Nebenbedeutung, finde ich in den Dép. Meuse, Aube, Côte d'Or *(gasawt*, *garsotte)*, sowie in der ganzen franz. Bretagne, wo für das Masc. noch der Nom.

---

[1] Nach J. Ulrich liegt entschieden die Wurzel MAT, MAC in MACTARE „töten, erdrücken" vor, it. *matto* der auf den Kopf geschlagen, rät. *matt* der Kleine, schweizer „Stumpe".

[2] In der Bedeutung Knabe, Bursche, Kinder weit umfangreichere Belege.

[3] Etymologie: Die allgemeine Ansicht ist, es sei das deutsche Wort *gart*. So *Le Moyen Age* II 31 ff. (Rom. XVIII 639) auch Suchier Ztsch. f. r. Ph. XVIII 281. J. Ulrich leitet es von einem Stamm GAR(R) oder GUAR(R) (nach indogerm. Lautwechsel) „kreischen" ab, der in *jaser*, *jars* und *gaser* auftritt; darnach wäre es *GARRICIONEM. Dazu vgl. *maschun garrut* mit „*gas vigoureux*" übersetzt. Revue des langues rom. III 203. — Eine Zusammenstellung möglichst vieler Wörter für Kind, Knabe, Bursche etc., deren Etymologie sicher ist, kann vielleicht auch hier eine Entscheidung herbeiführen, vgl. S. 39, n. 2.

ga(r) üblich ist. *Gâs* = Kinder in Alençon Rev. Clédat VII 208. In der franz. Schweiz hat das Wort vielfach die Bedeutung „Knecht" bekommen (Bridel) (so auch PUER = Knecht ALL IX 157), und ist so in die Rolle von *valet* eingetreten. Seine Bedeutungsnüancen im Schriftfranzös. haben viel Ähnlichkeit mit denjenigen von *figliolo* S. 39. Der ganz bestimmte Wert von Sohn ist nur belegt im folgenden Gebiet: Lothringen: Meuse, Meurthe-Moselle, Alsace-Lorraine, Côte d'Or,; Lille; H. Savoie und Creuse; ausnahmsweise Marchissy (Waadt) neben *valę*. Als Bestätigung vgl. jeweilen die Zusammensetzungen in No. 5 und 10.

2. *Goujat* ist als *guyá-guyáto* = junger Mensch, Bursche in Südfrankreich (Ariège z. B.) ziemlich verbreitet; im Sinn von Sohn-Tochter finde ich es in Gironde und Dordogne *guyat-guyad* Bordeaux, vgl. Nr. 5. — 3. *Baisselle* [1] ist die einzige Neuschöpfung weiblichen Geschlechts, für die es kein männliches Pendant gleichen Stammes giebt. Das Wort ist meist als „Mädchen" oft auch als „Tochter" im Nordosten zu Hause, in der Form *bwesal* in Lothringen, als *baselle* im Wallonischen, Noëls wallons, Rev. Pat. Gallor. I. 190, II. 73 S. Hubert ib. IV 98, *bäsèl'* Remilly (messin) Rom II 439, *baslat* Vosges Revue des Patois V 252. *Bisęt* Diesse vgl. Zimmerli Sprachgrenze. 4. *Aîné*, *cadet*: Eigentümlicherweise haben sowohl der „Ältere" als der „Jüngere" im Südfranz. dieselbe allgemeine Bedeutung, „Sohn" angenommen, so: *einat* Vivarais (Tarn) Rom. XX 101 n 1, und *cadę* Payzac (Ardèche). 5. *Aheu*, Sohn bei den Burins (Bresse) Fleury-Vindry, Etude sur les Burins et les Chizerots Bibl. internat. de l'Alliance scient. I, 2.

Italienisches Sprachgebiet. 1. *Citto, zitto,* vielleicht aus dem deutschen „Zitze" also = Säugling vgl. FILIUS = Säugling nach L. Havet. Im Sinne von Bube, Junge ist das Wort in ganz Italien verbreitet; Sohn-Tochter heisst es in der Form *cet* in Strambino (Turin) Biond., findet sich mitten unter fiöl! und *s'cèt-c'èta* im Bergamaskischen, be-

---

[1] Auch afr. Godefr. vgl. Zimmerli Tafel 16. Über die noch nicht aufgeklärte Etymologie s. K. und neuerdings Rom. XXIII 325 n. 1.

deutet auch *ragazzo.* *stšęt* Sovera, Romano, (zur Identifizirung vgl. *s'cesùra* < *cesura*). 2. *sciot-sciota*, ob es apokopirte Formen von *picciot* oder von *fanciot* sind oder = EXSUCTUS *sciocco* der Dumme (Junge), kann ich nicht entscheiden; sie sind nur nordlombardisch, *sciot-sciota* Bellinzona, *sciat-sciata* in Val Malenco (Sondrio) Monti. 3. *marc* (*marč*)[1]*-marcia* = *fanciullo* im Veltlin (Bormio) und Livinental (Monti). Vielleicht zu *marcio* < MARCIDUS faul, verdorben, schlecht, vgl. *canailles*, „Pack". 4. *bagai* = Kinder in der Umgegend von Crema, gehört wohl zu *bagaglio*, *bagage* und bedeutet etwas wie „Pack".

Im Norden des Piemonts finde ich: 5. *poglin* = Sohn im Val Soana (Biond.). 6. *Mül, mulet,* in Stettimo Vittono (Biella) Biond. Möglich, dass dies zwei ursprüngliche Tierbezeichnungen[2] sind, aus PULLUS kleines Huhn und MULUS.

Auf franco-prov. Boden finde ich: 7. *pairó* in Val d'Illiez, Bridel, das Wort wurde mir bestätigt von J. Gilliéron, der darin PATRONEM = Väterchen vermutet. Nach Pott, *Reduplication* bedeutet PAPIUS Vatersöhnchen, vgl. *comparuccio, comarella* = Patenkind Nr. 16, dazu Grosssohn nach Grossvater, AVIATICUS = Enkel.

Endlich noch drei völlig rätselhafte Ausdrücke: 8. *bodan* Puschlav, *budan* Bergell (Monti). 9. *boèuidar* = *fanciullo*, *figlio* Puschlav (Monti). 10. *voi-voina* im Val Maggia (Monti); leider fehlt der Accent bei allen dreien.

ZUSAMMENFASSUNG.

Was beim Vater-Mutterbegriff nur Nüancirung des Gefühlswertes war — TATA-PATER — das ist uns hier als eigentlicher Bedeutungswandel entgegen getreten — INFANS, *garçon*, *valet* = FILIUS. Die reichhaltige Auswahl derartiger Fälle berechtigt uns, wie mir scheint, für den

[1] Vgl. Monti: *marc* = *grande: a so màrc despêt* (auch schriftit.). Zum Bedeutungsüberg. Petr: *è un omo marcio, ragazzi marci.*

[2] Dazu vgl. *garçon* und *jars* „Gänserich" nach J. Ulrich; „Reiher" nach Baist. Ztschr. f. r. Ph. *VI* 426.

Bedeutungswandel als Regel aufzustellen: wo ein Wort, welches auch seine Herkunft oder Urbedeutung sei, nach irgend einer Seite hin ein jugendliches Wesen bezeichnet, da ist die Neigung vorhanden, falls nicht schriftsprachliche Einflüsse störend einwirken [1], dass es die bestimmten Functionen von Sohn und Tochter übernimmt. Ist das Wort geschlechtlos, INFANS, *ménage*, oder ein Collectivbegriff *bagai*, so tritt die verwandschaftliche Bedeutung zuerst im Plural auf.

Die Symmetrie der Ausdrucksweise betreffend, liess sich beobachten, dass die Initiative für die Neuschöpfung fast immer beim Masculinum beginnt, während sich FILIA daneben meist erhält, dafür aber häufig — frz. *fille* it. *figliola* — die beiden Functionen von Tochter und Mädchen übernimmt. Wo FILIA ersetzt wurde, geschah es in der Regel durch eine Analogiebildung nach dem Mass: *gars-garse*, *guya-guyato, buob-bueba, s'cet-s'ceta, voi-voina.* — *Fate* rum., *baisselle* nordostfr. stehen vereinzelt.

Nr. 3.

BRUDER UND SCHWESTER.

I. LATEINISCHE TRADITION.

A. EIGENTLICHE TRADITION.

FRATER-SOROR ist, mit Ausnahme der hiberischen Halbinsel über das ganze rom. Sprachgebiet verbreitet. Was die Form des ungleichsilbigen SOROR anbetrifft, so ist grössenteils der Nominativ zur Alleinherrschaft gelangt. Der casus obliquus, in den älteren Dialecten Frankreichs und Italiens sehr gebräuchlich, hat sich nur in vereinzelten Gebirgsgegenden erhalten und dort den Nom. ganz verdrängt. Den be-

[1] Als solchen betrachte ich *fils* im Gebiet von *garçon*.

deutendsten Complex für SOROREM liefert das Franco-prov., so: Aostatal, Savoyen, Dauphiné, Isère; (dazu stimmt auffallend Faeto, *sęrauę*[1]) Jura Schn.; sodann das Béarnische (B. Pyrénées) und schliesslich findet es sich vereinzelt auf italorätischem Boden: *serú* in Sondrio, nur plur. *s(o)rurs* Ober-eng. *sorús* Abtei Enneberg, Comelico (Gröber Grdr. 464) und auf der Insel Veglia. Agl. IX 115. — Bei den Formen für FRATER dementsprechend zu entscheiden, ob sie auf FRATER oder FRATREM zurückgehen, halte ich für unmöglich, wie es auch bei PATER-MATER kaum je wird sicher gestellt werden können. Zwar giebt Ascoli Agl. I 516 fürs Friaulische eine *„figura nominativa"* an in *fradi* < FRATER, neben *frari* < FRATREM vgl. *pari* etc. Solang wir aber in dem Lautkörper FRATRE die Möglichkeit einer Dissimilation zu FRATE zugeben, was noch nie bestritten worden ist, so lange wird für Formen wie *fradi* die Wahl zwischen dem Voc. FRATER und dem secundären c. obl. FRATE(M) offen bleiben[2]. Vgl. S. 54. Die bedeutendste Modification des lat. Gebrauches ist die Suffixerweiterung, von der im folgenden Abschnitt die Rede sein wird. Ebendahin verlege ich die Frage nach der geistlichen Bedeutung von FRATER-SOROR, da sie aufs engste mit den Diminutivformen zusammenhängt.

B. UNEIGENTLICHE TRADITION.

1. FRATELLUS-SORELLA[3]. Zum Unterschied von FILIOLUS, das sich schon bei klassischen Autoren findet, scheint der litterarische Gebrauch von FRAFELLUS — und mehr noch von SORELLA — erst einige Jahrhunderte später aufgekommen zu sein. Das schliesst jedoch nicht aus, dass sie beide, FILIOLUS und FRATELLUS, zu gleicher Zeit und gleich intensiv im Volke gelebt haben. Wenigstens zeigen sie im Ganzen denselben geschichtlichen Verlauf, und dieselbe geographische Ausdehnung. Beide haben zwischen dem 12. und 14. Jahr-

[1] Allerdings neben *šoj*. Agl. XII 49.
[2] Wird bestätigt durch Canello Agl. III 400 zu *frate* = *monaco*.
[3] Forc. Scaurus Orthogr.; SORELLA finde ich lat. nicht.

hundert ihren diminutiven, familiären Character aufgegeben, um, das Simplex verdrängend, ganz in dessen Fussstapfen zu treten.

Geographische Ausdehnung: Das Gebiet von *fratello-sorella* deckt sich auffallend mit dem von *figliolo*. Ein Zwischenstadium ähnlich demjenigen von *fiöl-fia,* findet sich so zu sagen nicht. Nur ein vereinzeltes Beispiel ist mir aufgestossen aus Sondrio: *fredél-serú,* wonach wiederum die Diminutivbildung zuerst das Masc. ergriffen hätte. — Nach den Uebersetzungen des verlornen Sohnes aus Biondelli war es möglich, die Grenze zwischen dem prov. *frare*, *fraire* und dem piem. *frel, fredel, fradel* ebenso genau zu bestimmen, wie die zwischen *fi-fia* und *fiol-fia*. Die beiden Grenzen stimmen auffallend überein, die genuesische Küste mit inbegriffen; auch im Norden decken sich beide ungefähr mit der Wasserscheide und im Friaul zeigen mehrere der Ortschaften mit *fia* auch das Simplex *fradi-sur*, ferner habe ich für die Südgrenze, resp. Nordgrenze von *frate-sore* dieselben Belege von Teramo bis Neapel, so dass wir hiermit eine ziemlich zuverlässige Grenzlinie gewonnen haben für das Gebiet, das eine besondere Vorliebe für Verwandtschaftsdiminutive zu haben scheint. Wegen der Belege S. 16 n. 1.

Geschichtliche Entwicklung: Für die altital. Litteraturperiode constatire ich ein Nebeneinander von *frâte* und *fratello*[1] von *suoro(a)* und *sorella* und zwar möchten sie sich das Gleichgewicht halten in altrömischen (M. Cassino) und alttoscanischen (altumbrisch und altsenesisch) Texten. Wenn nun auch im Verlauf die Diminutiva überhand nehmen, so brauchen doch Dante, sogar Cecchi und Tasso zuweilen *frate* noch im eigentlichen, leiblichen Sinn, *suora,* ebenfalls bei Dante in diesem Sinn, ist von modernen Dichtern wieder aufgenommen. Das Altgenuesische zeigt in Übereinstimmung mit dem modernen nur *frae*, *frai* — *sor.* Entschieden abweichend vom modernen Gebrauch *fradel-surela* verhält sich das Altvenezianische, wo ich nur *frare* und *suoro* finde.

[1] So im gleichen Text das eine Mal *dolçe frar* Bovo d'Antona. J. Ulrich 4, 51, das andere Mal *fradelo era de Dodon* ib. 5, 93.

Hier hat demnach die Diminutivform Eroberungen gemacht.[1] Vollkommenen Einklang zwischen alter und moderner Redeweise treffe ich wiederum im Mailändischen: Bonvesin braucht ausschliesslich die Formen *frael, fraelli.* Wir werden somit nicht allzusehr fehl gehen, wenn wir die eigentliche Heimat der italienischen Diminutivbildung überhaupt in die lombardische Ebene verlegen.

Indirekte Verbreitung. Eine besondere Bemerkung verdient die Einführung der schriftital. Form auf Sardinien, das von Haus aus nur *frade-sorre* kennt. In Sassari aber ist bereits die italienische Form, obwohl den einheimischen Lautgesetzen angepasst, gebräuchlich, nämlich: *frateddu-soredda* und zwar neben *fradele* = *cugino.* Vgl. Nr. 8, S. 116.

Bezeichnung der geistlichen Geschwisterschaft. Bekanntlich haben sich im Schriftitalienischen und im so ganz abweichenden Hibero-romanischen die einfachen Formen FRATER-SOROR — als casus rectus — bis heute erhalten in der geistlichen Bedeutung von Ordensbruder und Ordensschwester: so it. *frate-suora,* als proclitischer Titel *fra-sor, suor*[2]; span. — *sor* port. *frade.*[3] Wie verhalten sich dazu die italienischen Dialecte? Die nördlichen Mundarten scheinen im Wesentlichen dem toscanischen Gebrauch zu entsprechen. So finde ich *fra-sor* im Piemont und *fra-frata*[4] im Mailändischen, *fratessa* Petr., ferner *frê-sora* in der Romagna, *sour* in Crema. Umgekehrt scheint der Süden verfahren zu sein: dort wurde die toscan. Diminutivform mit der geistlichen Function vertraut. So braucht im altneap.

---

[1] Auch in diesem morphologischen Punkte nimmt also das ursprüngliche (alt)Venez. unter den nordital. Mundarten eine Sonderstellung ein, die es eher dem Süden zuweist.

[2] Vgl. Canello Agl. III 400.

[3] Die andern dort üblichen Formen sp. *fraire, fray(le)* port. *freire, frei* weisen nach K. auf prov. Herkunft. Viel wahrscheinlicher ist jedoch, dass es Dialectformen sind, vgl. z. B. -ATRE- Mirandez zu *-ai-*, andalusisch zu *-air-*.

[4] Wobei *frata* eine gelehrte Bildung zu einem vorauszusetzenden **frute* ist.

schon Loise de Rosa *fratielle* und *sorelle* (M.-L. ital. Gr. S. 32), neuneap. *fratiello* = *confrate* (Puoti), ferner *fratellu* = *frate* in Sicilien, auch in P. Armerina, das aber als gallo-ital. Colonie nicht viel beweist.

Zur Erhärtung dieser auffallenden Vertauschung sei erwähnt, dass Dante selbst im Ausdruck der geistlichen Verwandtschaft schwankt: er braucht auch *sorela* im Sinn von *suora*. Dieselbe Unsicherheit tritt mir auch in Dialecten entgegen: piemont. Wörterbücher geben auch *fratell-sorela*; also halb toscanische, halb einheimische Formen, mit geistlicher Bedeutung an.[1] Entsprechenderweise im Süden: *soru* in beiden Bedeutungen. — Ein ganz merkwürdiges Nebeneinander zeigt Friaul: *fradi-sur* (Agl. I 516, Gröber Gdr. 464 n. 2 im leiblichen Sinn, dagegen *frari* (Scala) die zu erwartende Form neben *pari-mari*, im geistlichen Sinn. Will man nicht für das letztere Entlehnung aus einem andern Dialect z. B. dem Venez. — wo mir aber *frari* nicht im geistlichen Sinn bekannt ist — annehmen, so ist man gezwungen für die beiden Wörter zwei verschiedene lateinische Typen anzusetzen[2]. Formell liegt es auf der Hand, *fradi* < FRATER, *frari* < FRATREM abzuleiten und als ursprüngliche friaulische Declination anzusetzen: nom. *fradi* pl. *frari* c. obl. *frari* pl. *frari*. Diese Formen wären vorerst promiscue gebraucht worden und hätten sich mit Einführung des Mönchstums in den jetzigen Gebrauch differenziert. — Auch wenn wir für *fradi* einen c. obl. *FRATEM (vgl. S. 51) annehmen, so stimmt dazu nicht die sonst übliche Verwendung des Nom. für die geistliche Geschwisterschaft. Trotz meiner mangelhaften und trügerischen Aufzeichnungen können wir als Hauptergebnis die Thatsache hinstellen, dass auch in

[1] Dass häufig die Bezeichnung der geistlichen Verwandtschaft der Schriftsprache entlehnt ist, dafür legen auch französ. Dialecte Zeugniss ab. So: *fręro-sür* = Ordens-bruder und -schwester neben *fraire-sor* in Puy de Dôme, Tarn, neben *fra̤re-sęrœ́*, *swęr šwę* in Savoyen.

[2] Dabei bleibt noch zu untersuchen, ob diese Dublette sich wirklich in ein und derselben Ortschaft im Friaul vorfindet; auch wäre der oft merkwürdige Plural in Rücksicht zu ziehen.

Italien zu jeder Zeit der Ausdruck der leiblichen Geschwisterschaft zur Bezeichnung der geistlichen konnte verwendet werden.

Es folgen zwei Ausdrücke GERMANUS und GEMELLUS, die im Lat. den Bruder (die Schwester) nur unter bestimmten Umständen bezeichnen.

2) GERMANUS-GERMANA. Es ist das erste Verwandtschaftsadjectiv, das wir antreffen. GERMANUS diente, ursprünglich in Verbindung mit FRATER-SOROR, zur Bezeichnung des leiblichen Bruders (der leiblichen Schwester) im Gegensatz zum Stiefverhältnis: FRATER NON GERMANUS, Nr. 14. Es wurde alsdann durch elliptischen Gebrauch — wie *un rôti* für *un morceau rôti* — zum Substantiv erhoben und bezeichnet als solches eine auf gleichen Eltern oder Grosseltern beruhende, „echte“ Verwandtschaft. Von da spaltete sich der Ausdruck in zwei, graduell verschiedene Begriffe: a) in den Begriff: Bruder-Schwester: span., port. b) in den Begriff: Vetter-Base: venez., vgl. Nr. 8 I. — Hier nur über a), den correlativen Verwandtschaftsbegriff im ersten Grad. — Bei weitem den Hauptcontingent zu seiner geographischen Ausbreitung liefert die spanische Halbinsel[1]. Nach Körting 3436 hätte das Catalanische — acat. *frare, fra* (Bedeutung ist nicht angegeben!) — zum übrigen FRATER. (SOROR) Gebiet gehört und wäre erst in neuerer Zeit — neucat. *germá* — vom Span.-port. in Beschlag genommen worden, ähnlich wie das Venez., S. 52, 53, von *fratello-sorella* ergriffen wurde. Vom Catalanischen ist der Ausdruck auf die Inseln im Mittelmeer gekommen: *germá-germana* Balearen und nach Alghero (Sardinien). Andrerseits greift das Catal., wie bekannt, über die Pyrenäen hinüber: *yirmá-yarmána* Prades (Pyr. Orientales); auch *dyermá-dyermána* Arrens (H^es. Pyrénées). Doch auch dem Ital. ist der Gebrauch nicht unbekannt: so finde ich altgenuesisch *zermana* = *sorella*: sodann auch im Schriftital. Tasso (auch Petr.). Aus dem

[1] Das Hyberisch-romanische zeigt eine besondere Vorliebe zur Substantivierung von lat. Verwandtschaftsadjectiven, vgl. *primo, sobrino*.

Neuprov. sind mir zwei Beispiele von *german* = Bruder belegt: das eine litterarisch-poetisch: *es un dé nous germans*, Rev. des l. rom. I, 256, das zweite in einem etwas veralteten mehr juristischen Ausdruck: *tširmaz de la memo maire* im Sinn von *frères utérins* Bédarieux (Hérault) wo *tširmá* sonst Geschwisterkind bedeutet; die Verwendung als Bruder wird als die ältere gekennzeichnet. -- Ob dieses vereinzelte Vorkommen in Italien, im Altgen., im neueren Prov. und an den Pyrenäen Spuren sind einer alten Wanderung zu Land, die das Span.-port. hinterlassen hätte, lasse ich dahin gestellt. Über eine port. Koseform. S. 57.

2) GEMELLUS-GEMELLA. Ein zweiter lat. Stamm, GEMELLUS, ebenfalls adj. zu FRATER-SOROR, der als selbstverständliche Voraussetzung den Geschwisterbegriff in sich trug, fand vereinzelte Verwendung als Verwandtschaftsausdruck in dem sonderbaren Bergamaskerargot: *zömel-zömela* [1]. Im übrigen Teil des Bergamask. ist die gewöhnliche Bedeutung „Zwilling“ herrschend.

II. ROMANISCHE WORTSCHÖPFUNG.

A. IM ANSCHLUSS AN DIE TRADITION.

a. Suffixerweiterungen.

Nicht nur das Ital., auch das Franz. kennt die an Gefühlswert zunehmenden Diminutivbildungen. 1) -ONEM: *frérou* wechselt mit freire Annonay (Ardèche, Schn.), ferner *freirou(n)-surũna* Hes. Alpes, *freirou* Arrens (B. Pyr.) soll der familiären Umgangssprache angehören. (Vgl. *Fréron* Eigenname). — 2) -OTTUM: *frérot-sœrot* Vogesen; *frerot* allein: Lothringen, Morvan, Saintonge, Dép. Eure. — 3) -ETTUM: *sœret* im Nord-

---

[1] Ausserdem bezeichnet derselbe Doppelausdruck die Geschlechtsteile, vgl. *brüederli*, *götti* penis Zürich schweiz. Id. Ebenso: *mon petit frère* (Genfer Student). Überhaupt werden dazu gern Verwandschaftswörter verwendet, vgl. *maira* = partie du corps humain Velay (H. Loire.) *vetter* membrum virile. Schöpf, Tir. Id.

osten: Côte d'or, Champagne; Picardie und Saintonge, wo also wie im Schriftfranz. *frérot-sœurette* üblich. — 4) -UCEUM: *fratuzzu-suruzzi* lauten die Zärtlichkeitsausdrücke in Sizilien. — 5) Zwei französ. Gaunersprachen weisen für den Begriff Bruder-Schwester eine „Verstümmelung" aus FARTER auf mit Suffixerweiterung. Das Fem. ist jeweilen davon abgeleitet. *α. frăžĕ* in den Städten Paris (faubourg), Bordeaux, Toulouse, wo mir allein ein Fem. *frăšino* bekannt; heisst auch Kamerad. *β. fréturel-frétureta*, Montmorin (H. Alpes). Vgl. die berner Gassenjungenausdrücke: *brütsch-schwoscht*. — 6) — *-sirocchia* aital. < SORORCULA, z. B. noch bei Machiavelli St. fiorentine 1, 38. — 7) Die ladin. Pluralbildung *surans*, bei weiblichen Verwandtschaftswörten: *omans, fians, mitons:* auch tess. *norai* = **nurani*, Rom. XXIII, 337, 338, M.-L. Gr. II, 24.

b. Kindersprache.

1) Nicht unmöglich ist, dass *tato* im Anschluss an *frate*, als kindersprachliche Vereinfachung, entstanden ist [1]. Vgl. jedoch B., S. 59. — 2) *sœsœ*: Montigny (Côte d'or) durch Doppelsetzung von *sœur*.

c. Abkürzung.

Schon in früher Zeit hat das Port. von GERMANUS eine apokopierte Koseform: *mano-mana* gebildet. Die Erhaltung des *n* neben neuport. *irmão-irmãa* weist auf die alte Sprache zurück (vgl. Gröber Grdr. 752).

d. Verwachsung.

Das Poсsessiv-pron. der ersten Person ist aus überhäufigem Gebrauch vor *frère-soeur* mit diesem verwachsen zu *monfrér-masœr*, als Beweis vgl. *voss mon frér* (Forir: expression de politesse). *s'masœr* = seine Schwester, Wallo-

[1] Bei dieser Erklärung wäre das Schwanken im dentalen Anlaut *tuto*, *duto(a)* weniger auffallend.

nisch, Rev. des Patois V, 212, ebendaselbst: *monõk*, *matãt*. — Als eine Art Titel wird *Monfrère* vor Eigennamen gebraucht: *Monfrère Henri*, Ztschr. f. r. Phil. XV, 386 ff.

c. Analogiebildung.

Viele roman. Idiome zeichnen sich in ihrer Verwandtschaftsbezeichnung dadurch aus, dass sie durch Analogiebildung die Symmetrie zwischen den beiden Geschlechtern hergestellt haben. Einzelne Nachwirkungen dieser allgemeinen Tendenz finden wir auch hier: 1) *fráya* nach *fray* (älter *ray*) Estaing (H. Pyr.) also nicht unweit vom symmetrischen GERMANUS. — 2) *frãšino* und *fretureta*, s. oben. — 3) *frata* und *fratessa* sind gelehrte Bildungen. *frata* = *suora*, alomb., *frata* = *pinzocchera*, neumail. (Salvioni).

B. OHNE ANSCHLUSS AN DIE TARDITION.

Es ist mir nur eine Art von eigentlicher Neuschöpfung bekannt. Der ältere Bruder (die ältere Schwester) wird mancherorts von den jüngeren Geschwistern mit einem besondern ehrend-vertraulichen Namen bedacht [1]. Der Gebrauch begreift in der Regel, seiner intimen Natur nach, ein geographisch grosses Gebiet. Auf Grund dieser besondern Auszeichnung innerhalb der Familie scheinen folgende Ausdrücke entstanden zu sein.

a. In Anlehnung an andere Verwandtschaftsausdrücke.

Merkwürdigerweise schliesst sich die Benennung an die Vater-Mutter-Ausdrücke an: *pap'ciddu-map'cidda*, Piazza Armerina (Sicilien); vergleicht man dazu *patš-matš* (Messina), so kommt man ohne Mühe auf ein *PATRELLUS-*MATRELLA.

[1] Die Unterscheidung hat z. B. im Malajischen und Kanaresischen zu den indogerm. Sprachen unbekannten Verwandschaftsnamen geführt, Misteli Characteristik der haupts. Typen des Sprachlebens. 1893, S. 2.

— 2) *tatuccio-* — Ortanova (Foggia) offenbar ein Dimin. zu *tata*.

Es wird also der ältere Bruder, die ältere Schwester, durch naheliegende, kindliche Begriffsvertauschung „Väterchen, Mütterchen“ genannt. Nach dem Wortlaut des Wörterbuchs: *pap'ciddu* etc. = *fratello*, *sorella maggiore*, zu schliessen, würden diese Ausdrücke (auf Sicilien wenigstens) nicht nur in der Anrede und nur von Geschwistern gebraucht, sondern dienten schlechthin zur Bezeichnung sowohl der Verwandtschaft als auch des relativen Alters. Gestützt auf diese Sitte, glaube ich nicht fehl zu gehen, wenn ich das it. sp. port. Kosewort *tato-tata*, Brüderchen-Schwesterchen, durch die eben motivirte Anlehnung an das dort ebenfalls übliche *tata* = Vater erkläre. Wir hätten es also nicht mit einer kindersprachlichen Neubildung — woran man in erster Linie denken würde[1] — sondern mit einem Bedeutungswandel zu thun. Folgendes die Thatsachen: *tato-tata* gehört als familiärer Ausdruck der it., sp. und port. Schriftsprache an und ist in ersterem Land besonders heimisch in der Romagna bis nach Venedig; auch in der Form *dad-dada (data)*, vgl. S. 57, N. 1, und soll ebenda sogar vollgültiges Dialectwort für unsern Begriff geworden sein. *ded-deda* Ferrara, Mantua entspricht den Lautgesetzen. Vgl. *fre*, *peder-meder* (Zucc.). Nebenbei hat es die Bedeutung *fanciullo* (vgl. später unter b). Von einen speziellen Gebrauch für den ältern Bruder ist mir hier nichts bekannt, überhaupt ist mir der Ausdruck bei meinen persönlichen Nachfragen in der Romagna nie vorgekommen. — Meiner Ableitung aus *tata* = Vater (*tato* wäre eine Anpassung nach dem masc. *-o*, wie **babba* zu *babbo*) lässt sich einwenden, dass *tata* = Vater in der Romagna nicht üblich sei. Es darf aber wohl angenommen werden, dass es vor *babbo* bestanden haben konnte und dass wir vielleicht hier das gewünschte Bindeglied zwischen berg. und abbruzz.-

[1] So nach Petr.: i bambini piccini chiaman così *gli amici*, *i compagni*, *i fratelli e le sorelle* etc., wo aber die Bedeutung „Freund“ ebensogut secundär sein kanu. Vgl. *frate*, lat. FRATER etc. Nach Traina (siz. Wb.) heisst *tato(a)* tosc. auch *balio(a)*.

neapol. *tata* vor uns haben. Vgl. S. 21. — In Spanien und Portugal steht meines Wissens dem Übergang von *tata* = Vater durch Vermittlung des älteren Bruders zu *tato* = Brüderchen nichts im Wege[1].

b. In Anlehnung an die Kindersprache.

1) *nęnnęt* älterer Bruder rum. (nach Dr. Minkwitz) scheint ein Lallwort zu sein, vielleicht ebenso *nane*[1] ältere Schwester. 2) *tyătyă* in diesem Sinn soll in Bordeaux üblich sein, zugleich aber auch ohne verwandtschaftliche Beziehung von Knaben unter sich gebraucht werden. — Besonders mannigfaltig sind solche Kinderwörter in Labouheyre (Landes): 3) *yay-yiya*; ersteres wohl eine Kinderaussprache vom dortigen *ray* = FRATER, aber nur für den ältern Bruder gebraucht. — 4) *tšitšo* (in der letzten Silbe vielleicht Anlehnung an *so* = SOROR] nennt die jüngere die ältere Schwester. — 5) *ya* für jede Schwester; auch für ein fremdes Mädchen gebraucht. Vgl. *tato* = *fanciullo*.

ANHANG: 1) Deutscher Herkunft ist *brudo*, das im Aostathal als Übername gebräuchlich ist (nach Mitteilung von abbé Rousselot).

2) Geschwister: Weder das Lat. noch die roman. Sprachen kennen einen collectiven Ausdruck für beide Geschlechter. Aus den rom. Dialecten ist mir eine einzige derartige Bezeichnung bekannt: Im Patois véllavien (H. Loire) finde ich ein weibl. Subst. *frirogna* oder *fririna*, also eigentlich das „Gebrüder“, während im Deutschen die weibliche Seite zum Ausdruck der Collectivität gedient hat. Vgl. CONSOBRINUS aus SOROR.

ZUSAMMENFASSUNG.

Die Benennung des Verwandtschaftsverhältnisses Bruder-Schwester geht ziemlich selten von den Kindern, vgl. II B,

[1] Auf der gleichen Sitte möchte beruhen der Gebrauch des Alban. *motrε* = indogerm. *ματήρ* für Schwester, und *nane* rum. ältere Schwester, während *nenε* alb. und *nanu* serb. = Mutter (alb. Gramm.).

meist von den Eltern oder erwachsenen Drittpersonen, kurz in erster Linie von **Unbeteiligten** aus und ist daher weit objectiver als die beiden vorangehenden Begriffe ausgefallen. — Die lateinische Überlieferung besteht aus vier Stämmen, von denen zwei, ursprünglich näher determinierende Adjectiva zu den beiden andern, den Geschlechtsunterschied nur formell zum Ausdruck bringen, während die beiden andern denselben durch den verschiedenen indogerm. Stamm kennzeichnen. FRATER-SOROR hat eine grosse Veränderung in Norditalien, eine bedeutende Einbusse in Spanien und Portugal erlitten. — Wir haben wiederum in *fratello-sorella (tato-tata?)* die schliessliche Erstarkung eines familiären Ausdruckes konstatieren können.

Der kärglichen romanischen Neuschöpfung scheint es nirgends gelungen zu sein die Tradition zu verdrängen. — Jederzeit und jederorts wurde die Bruder-Schwester-Bezeichnung zum allgemeinen Ausdruck Freund, Freundin, Geliebte (vgl. lat. SOROR), das familiäre Wort oft zum Ausdruck für Knabe und Mädchen verwendet.

Nr. 4.

GROSSVATER UND GROSSMUTTER.

I. LATEINISCHE TRADITION.

Das classische Latein kennt nur einen Stamm zur Bezeichnung der Grosseltern. AV- hat sich, wenn auch meist in erweiterter Form, ausser in Rätien und Rumänien — die beide durch ihre Lage fremdländischen Einflüssen am meisten ausgesetzt waren — in allen romanischen Schriftsprachen als juristisch-vollgültiger Ausdruck erhalten. — Ich teile hier nach morphologischen Gesichtspunkten ein:

a. Der einfache Stamm.

Italien und Ladinien sind die einzigen Gebiete, die AVUS und das entsprechende — nicht classisch-lateinische — AVA (b. Ven. Fort. 8, 19, 8 und öfters nach K.) vgl. ALL. I, 246) unverändert übernommen haben.

1) *avo-ava* sind im Schriftital. nur litterarisch-juristische Buchwörter, ähnlich wie *aïeul-aïeule*. — Eigentlich lebendig ist das Simplex nur noch in einigen nordital. und ladinischen Dialecten: 2) *af-ava* im Tessin: Chironico, Val Verzasca (Monti), *avf* Val Furva (Bormio Asc.), Puschlav (Bühler), (*von-*)*ave* neben *nono-none* Friaul (Pir.). *ava* Ladinien (Alton) und Lombardei. — 3) *iaf-ieva* Fassa (Alton); ausserdem in Zusammensetzungen auf ligurischem Boden (Torriglia) S. 80. — Zur Ergänzung vgl. die Verwachsungen mit Art. S. 65.

b. Der erweiterte Stamm.

I. Die Präfixe[1]: AB-, AT- dienen fast ausschliesslich zur Bezeichnung der Grosseltern im zweiten und dritten Grad. So 1) *abavo-abava* ital. Urgrossvater, *abau* altbéarn. M. — 2) *atavo-atava* ital. Urgrossvater.

II. Weit bedeutsamer ist die Suffixerweiterung, die die familiäre Umgangssprache am lat. Stamm vorgenommen hat. Aus ihr rekrutieren sich hauptsächlich die rom. Schriftsprachen, während die eigentliche Neuschöpfung den Mundarten vorbehalten bleibt. — Hier nur über die schon lat. Ableitungen. (Fortsetzung S. 63.)

1) *AVIUS[2]-AVIA. Das Lat. kannte bereits ein erweitertes Fem. zum Masc. AVUS. Dazu wurde wiederum ein *AVIUS gebildet, wie FILIUS nach FILIA. — Ausser dem einmal belegten *aviu* und dessen Composita *bisaju*[3]-*bisaja* im Sardischen, ist es in Italien unbekannt. Auch rum. *aiă* AVIA Rom. XXIII, 327, N. 1, steht vereinzelt. Dafür aber auf

---

[1] Über die ebenfalls präfigirten Formen: *taie* < ATAVIA etc. S. 65.
[2] Weder Georges noch Forcellini geben es.
[3] Zur Bildung vgl. *proja* < PLUVIA, *ruju* < RUBIUM, Hoffmann 48.

gallisch-catal. Boden sehr gebräuchlich. Hier unterscheiden sich die nordfrz. Formen wesentlich von denen der prov.-cat. Gruppe durch ein vorn angehängtes *t*, worin ich einen Rest der AT-Composition sehe. Vgl. S. 65. Die südlichen Formen, die allein hierher gehören, da ich *ATAVIUS im Lat. nicht finde, umfassen das Gebiet der alten Provence, Catalanien und die Balearen; nämlich: 1) *avi-s*, *avia* altprov., *avi*, *avio* neuprov. und catal. Die Balearen zeigen nur verwachsene Formen. — 2) Das Limousinische scheint Übergangsgebiet zu sein zwischen Nord und Süd, insofern es beide Formen, im Fem. wenigstens, die mit und die ohne *t*, aufweist. Mistral giebt an: *tavi-(t)avio, tabi-abio, tai-(t)aio*. — 3) Nach den Texten nicht localisierbar ist afr. *aive* (*ave*, *aine* Godefr.) worin G. Paris (nach mündlicher Mitteilung) ein halbgelehrtes Wort < AVIUS sieht, wie *saive* < SAVIUS[1].

2) AVITUS-AVITA. Eine zweite gut lat. Ableitung ist das Verwandtschaftsadj. AVĪTUS wie PATRĪTUS aus PATER. Mit Hülfe des etwa zu ergänzenden PATER oder HOMO AVITUS = „der grossväterliche Mann oder Vater" scheint es zum Subst. geworden zu sein in einem Gebirgswinkel (Roussillon) des formenreichen Südfrankreichs: *abit-abida* Perpignan; *avi* — Prades.

II. ROMANISCHE WORTSCHÖPFUNG.

A. IM ANSCHLUSS AN DIE TRADITION.

a. Suffixerweiterungen.

1) *AVULUS-*AVULA ist auf das Schriftitalienische beschränkt, *avolo-avola*; di eersten Belege sind aus dem XVI. Jahrhundert. — 2. *AVIOLUS-*AVIOLA. In den andern, den lat. Stamm beibehaltenden, Sprachen hat das Diminutiv

[1] Diese Annahme scheint mir der so echt volkstümliche Begriff nicht zuzulassen, und ich wäre geneigt dem Wort 1) weil AVIUS Centralfranz. **age* ergeben hätte, 2) wegen des fehlenden *t* eine halbsüdliche Herkunft zuzuschreiben.

-IOLUS über die concurrierenden Formen die Oberhand gewonnen und Aufnahme in die Schriftsprache erlangt: so ist frz. *aïeul-aïeule*, sp. *abuelo-abuela*[1] port. *avó* (wie *treçó* TERTIOLUS) — *avóa* oder *avò* juristisch offizieller Ausdruck geworden. Wie *avi-avia*, ist auch *aviol-s* und *aujol* alt- und neuprov. und zwar scheint nach meinen Belegen (Mistral: gascon, rouergue, abéarn) AVIOLUS mehr dem Südwesten angehört zu haben — denn von Südländern habe ich es nie gehört — während AVIUS — unsicheres Beispiel aus Nizza — in der eigentlichen Provence zu Hause gewesen wäre. Über port. *vovó* s. unten. — 3) *(T)AVIONEM. Diese Endung kam nur vereinzelt zur Verwendung: 1) *aujoun* Bordeaux (M.), wo auch sonst oft -IOLUS mit -ONEM vertauscht wurde. 2) *tayon* im Norden. S. unter c. S. 66.

b. Kindersprache.

Das gemeinsame der hier folgenden kindersprachlichen Umformungen ist die Wiederholung des ersten, meist einzigen Consonanten. Dieser Vorgang tritt nur vereinzelt auf. Er findet sich für unsern Begriff mit Vorliebe auf ital. Boden. 1) *vavo-vava* (auch *vavone* nach *tatone* S. 74 und *vavema*) im Neapolitanischen; Portici; Galnaro (Basilicata). — 2. *võn-vava* (pl. masc. *võs*) im Friaul (Sc. Pir. und selbstgehört), das Masc. ist entweder durch Zusammenziehung < VAVONEM oder mit Apokope aus A]VONE(M) entstanden, welch letzteres sich nach Bianchi Rom. XXIII, 340 zu *avo* so verhält wie z. B. AMITA zu AMITANE. — 3) *jaju-jaja* < AVIU vgl. *bis-aju* S. 62 im Sardischen (Spano) Nord und Süd, Dazu *giaju-giaja* Logudoro, Sassari; Usini, so *gioja* (Zucc.), das vermutlich trotz der unregelmässigen Wiederholung hierher gehört. — 4) *vovó* — < *avó* im Portug., Umgangssprache der Gebildeten (nach C. Boser). — Alle vier Ausdrücke, die drei dialectischen besonders, haben vollgültigen Wert.

---

[1] Geht nicht direct auf AVEOLU zurück, sondern ist: *avo* + *uelo* vgl. it. *sasso*, *sassuolo*, dazu M.-L. It. Gr. 300, sp. *acero*, *aceruelo*.

c. Verwachsung.

Syntactischer Einfluss macht sich in doppelter Hinsicht geltend:

I. Der Artikel verwächst mit dem Wort. 1) *laf-lava* [1] Veltlin: Vercelli (Sondrio) und allgemein in Ladinien (Alton) — 2) *lavi-* — auf Menorqua. Daneben finde ich: *savi-savia*, über dessen *s* mir nichts bekannt ist [2].

II. Das Wort verliert durch Verwechslung mit dem Art. einen Teil seines Stammes. Dieser Vorgang scheint mir *taie* < A]TAVIA zu erklären, welcher Ableitung der in der ältern Sprache überwiegende Gebrauch für die Urgrosseltern vollkommen entspricht [3]. ATAVIA nach Georges Mutter der Urgrosseltern. — 1) *taie* (*teie*) und als masc. *taien* < A]TAVIANUM vgl. *ziano*, *barbano* etc. finden sich grösstenteils in pic. und wall. Texten des 13. und 14. Jh. (Godefr.) in drei Beispielen heisst *taie* Grossmutter, in zwei Urgrossmutter. Überdies geben zwei Beispiele *taye* auch als masc. < ATAVIUM an, beidemal den Grossvater im höheren Grad bezeichnend. — Von diesen Formen habe ich in moder-

---

[1] Sofern mir nicht einfach der Artikel mitangegeben wurde.

[2] Ich vermute ein ebenfalls fälsclich mitgenommenes *s* aus den Verbindungen: *bes-*, *tres-*, *rebes-avi* oder aber ein mir für dort unbekannter Artikel IPSE.

[3] So G. Paris Rom. XXIII, 327, N. 1. — Andere wie Diez, Gröber, Körting (Wb.), sahen in diesen Formen einen Rest von TATA, das somit auch in Gallien wäre verbreitet gewesen. Doch wird dadurch weder *ai* in *taie* (TATA hätte **tée* ergeben) noch das *y* von *tayon* (< TATONEM zu **taon*) erklärt. Ausserdem bleiben die südlichen Formen unberücksichtigt. — Mehr Wahrscheinlichkeit dürfte eine andere Erklärung beanspruchen, die in dem *t* das fälschlich zugefügte Pron. der II. Pers. *ta* sieht, vgl. *tante* < *ta* + *ante*, s. S. 97. Sehr zweifelhaft ist mir nur, ob im Gespräch die Verbindungen wie *ma *aie* und *ma ante* nicht weit häufiger sind als die mit der II. Pers.; wenigstens verwuchs in sehr vielen Fällen (*maña*, *masœr*, *monõk*, *mon frère* etc.) die I. Pers., während mir für die II. Pers. kein sicheres Beispiel bekannt ist. S. Schlusstabelle A., vgl. immerhin port.-creol. *tawela* = Grossmutter. — Aus demselben Grund würde ich Darmesteters's Erklärung aus *grant-ante* abweisen, auch wenn *grand'tante* gelegentlich in poetischer Rede für *grand'mère* steht. Mém. de la soc. de ling. VI, 259.

nen Dialecten nichts gefunden; wohl aber eine weitere Ableitung: 2) *taion*(*teion*)-*tayonne*, selbtgehört in: Pittefaux (Pas de Calais) aus Wb.: Rheims, rouchi. Diese Bildungen kennen schon norm. und anglonorm. Texte, auch Marot bedient sich der Form *tayon*. Ausnahmsweise: *taioun* Var., auch ALL VI, 121 erwähnt. Davon abgeleitet scheint afr. *taienos* petit neveu (Godefr. einmal). Zur Bedeutung vgl. AVIATICUS. — 3) *ratayon* < RE-AT-AVIONEM Urgrossvater in picard. Wb. vgl. S. 64. — 4) *tavi* neuprov. S. 63.

B. OHNE ANSCHLUSS AN DIE TRADITION.

In diesem Capitel soll von der eigentlichen Neubenennung die Rede sein: sie geht für unsern Begriff vom Enkelkind aus; es ist daran schuld, wenn das traditionelle Wort allmählig ausser Gebrauch kommt; ihm verdanken wir andrerseits den neuen Ausdruck. Sowohl seine vertrauliche wie seine geistlich oder sozial untergeordnete Stellung dem Grossvater gegenüber, giebt Anlass zu Neubildungen. Die erstere erlaubt ihm Vergleiche mit dem eigenen Vater und schafft Ausdrücke wie *pépère, pépé*, *tatone*, *grand-père* etc., S. 75 ff., die zweite flösst ihm Ehrfurcht ein und trägt bei zur Benennung nach der geistlichen Verwandtschaft, wo diese vorhanden, so *peiri* Pate = Grossvater oder zur Auszeichnung durch einen ständigen Titel, *misser*, *barba*, (*nonno*).

Suchen wir die mannigfaltigen Neubezeichnungen nach ihrer augenscheinlichen Entstehungsart einzuteilen. Wir können, wie mir scheint, vorerst eine grössere Gruppe von Ausdrücken unterscheiden, die überall entstanden sein könnten, da die zu Grunde liegende Apperception im Wesen des Grossvaters (der Grossmutter) selbst liegt; ich gebe ihr die Überschrift: allgemeine, d. h. überall wirkende (wirken könnende) Ursachen; sodann folgt ein kleinerer Abschnitt, dessen Ausdrücke ihre Entstehung besondern sozialen oder sprachlichen Verhältnissen verdanken (besondere Ursachen) S. 82.

I. ALLGEMEINE URSACHEN.

Der Grossvater, die Grossmutter, kann von verschiededenen Gesichtspunkten aus appercipiert werden, je nach der Rolle, die er in ein und derselben Familie spielt (und je nach dem Alter der Kinder, die dabei beteiligt sind[1]). Bald ist seine Ähnlichkeit, bald seine Unähnlichkeit mit dem Vater, im Alter z. B., bald ein auffallendes Wohlwollen, dem kindlichen Gemüte, dem kindlichen Vorstellungsvermögen besonders eindrücklich gewesen. Sehr häufig hat auch die Kindersprache, so weit sie rein schöpferisch auftritt, Wortmaterial zu Neubezeichnungen geliefert, auf Grund des vertraulichen Verhältnisses, das gemeiniglich zwischen Grosseltern und Enkelkindern besteht. — Andrerseits ist der Grossvater überall eine mehr oder weniger wichtige, geachtete Persönlichkeit; als solcher hat er Anrecht auf eine titelhafte Auszeichnung, wenn es in dem betreffenden Gebiet Sitte ist, den ältern Leuten eine solche zu verleihen. Wiederum scheint mir das Kind das einzige *medium* zu sein, durch das solche ehrende Titel verwandtschaftliche Färbung annehmen können. — Alle diese Eigenschaften und Funktionen passen, wie mir scheint, auf jeden Grossvater (jede Grossmutter) ohne zeitliche oder örtliche Grenze[2].

Da also das Kind im Mittelpunkt aller dieser Neuschöpfungen steht, habe ich des Fernern versucht, durch die Reihenfolge der Abschnitte a, b, c etc., die verschiedenen Entwicklungsperioden anzudeuten, denen man etwa diese oder jene Idee, diese oder jene Anschauungsweise oder Vorstellung zutrauen könnte.

a. Kindersprache (Urschöpfung).

Zur principiellen Affassung der Lallwörter vgl. S. 20, 34 n. 1, 83, 97. Ich teile den Stoff ein nach den vorhandenen

[1] Letzteres ist weit hypothetischer.

[2] Immerhin wird es gut sein, bei der letztgenannten „allgemeinen Ursache" zu bemerken, dass ich keineswegs der Meinung bin, es gäbe jederzeit und jederorts ehrende Titel für das Alter, aber überall, wo solche wirklich bestehen, ist deren Übertragung auf den Grossvater, als die Respectsperson „*par excellence*" innerhalb der Familie, möglich.

oder vorauszusetzenden kindersprachlichen Grundformen, als deren allgemeine Merkmale ich aufstelle: 1) Doppelsetzung einer Lautgruppe, die 2) mit einem der Consonanten *m, n, l; p, b; t, d* beginnt und 3) mit einem einfachen oralen Vocal endigt. — Merkwürdigerweise zeigen alle hierher gehörigen Formen dentalen Consonantengehalt und ferner darf bemerkt werden, dass bei weitem der dentale Dauerlaut vorherrscht.

A. **Frankreich** kennt nur ganz sporadische Fälle: 1) TATA. Als Masc. in Narbonne (Aude) Mistral. *tǫtó-tóta* Savoien (Gilliéron) scheint mir eher = *tŏtŏ-tata*, also eine Übertragung des Onkels auf den Grossvater zu sein, vgl. Nr. 6. Das Umgekehrte in AVUNCULUS. — 2) DADA soll in der Kindersprache von Lüttich für die Grossmutter üblich sein; vielleicht zu *dodo* = schlafen < *dors! dormir*, vgl. *nonno, nannu* mit *ninna-nanna*, oder eigentl. Lallwort, das sich lautlich zu *tata* verhielte wie **baba* zu *papa*. Über *nana, nunu, lullu* in Frankreich s. unter Italien. — 3) NENE Grossmutter neben *pépé* Celles s/Belle (Deux-Sèvres) und Amoncourt (H. Saône).

B. **Italien** zeigt einen viel einheitlicheren Character — auch abgesehen von der Verbreitung — durch die ausschliessliche Verwendung des dentalen Dauerlautes, wenn auch der Vocalgehalt von *e* bis *u* variirt[1].

[1] Ich kann mir es nicht versagen diese teilweise Übereinstimmung mit einer anderen Eigentümlichkeit der ital. Kindersprache in Zusammenhang zu bringen, um so auf einen gemeinsamen Ursprung der verschiedenen Formen hinzudeuten. Italien ist die Heimat des Wiegeliedrefrains *ninna-nanna*, in dessen weiter Bedeutungssphäre als Mittelpunkt der Schlaf steht. Nun scheint mir die Beziehung der Grosseltern, besonders der Grossmutter, zum Schlaf ihrer Grosskinder eine gegebene zu sein. Diese begriffliche Combination wird mächtig gestützt durch lat. NONNA = NUTRIX (nicht NONNUS wie Körting angiebt) vgl. dazu die Bemerkung Orelli's (Inscript. n 2815): *apud Italos* NONNA = *avia quia saepe nutricum officio funguntur!* Zur Erhärtung des innern Zusammenhanges zwischen diesen Lall- oder Schlafwörtern und den gleich gearteten Lautgruppen, die in der eigentlichen Sprache ältere zur Familie gehörige Verwandte bezeichnen, dienen hauptsächlich zwei andere Beispiele: 1) *lullet*, S. 72. 2) *lalla* = Tante Nr. 6, S. 106, dazu gr. νέννος AVUNCULUS, νάννη = MATERTERA, (letzteres nur nach DC. NONNUS).

1) NANNA. *nannu-nanna* ist im Gegensatz zu *nonno-nonna* Süditalien eigen und seine grosse Verbreitung lässt Entlehnung aus dem Norden mit — übrigens ganz unregelmässiger — Umformung nicht annehmen. Auch glaube ich nicht, wie Scerbo Dial. calabr. 24c, 25, an ein gemeinsames Etymon *x*, das sich in der Toscana als *o*, im Süden als *a* (Palermo allerdings *u* vgl. *nonno* Schluss) und im genues. als *e* reflectiert hätte, sondern gemeinsam ist höchstens der dentale Dauerlaut, im Vokaltimbre ist dem Kinde Freiheit gelassen. Sein Vorkommen ist verschiedenartig:

a. in einfacher Form: 1) *nannu-nanna* Calabrien (Scerbo), Cosenza, Sizilien, Palermo, Messina, dazu Anredeform *na* Scerbo vgl. S. 28 n. 2. — 2) *nane-* — Vernazza (Genua) neben *puă-gran*.

b. in erweiterter Form: 1) **Suffixe**: *nannai-* — Sardinien (Süden) Sp. vgl. *babbai* S. 74. *nannò-* — Teramo (Abruzz.), wenn nicht oxytone Accentuirung vorliegt wie in *bobà*, S. 34. *nannō-nannō* im Jura (Monnier) heisst auch alte Frau, vgl. *nanan* Leckerspeise wie *pappa*. — 2) **Verwachsung**: *nanna-ma* (fem.) auf Malta (Zucc.); unklar ist die Nebenform *innanna*. *mi-nnannu* — *mi-nanna* Sardinien: Gallura, Temp. (Sp. und Zucc.) noch Kinderwort. — 3) **Zusammensetzung**: *pa-naŋ* — *ma-naŋ* Levante (Genua) unklare Bildung. *nannu-avo* Sizilien = Urgrossvater [1]. *kata-nanna* Reggio-Calabrien = Urgrossmutter, vgl. *arrière-grand-père!*

2) NENE: nur ein sicherer Beleg: *nennę-nenę* Spezia (selbstgehört) das accentlose *-nenene*-Lallen des Kindes ist hier oxyton interpretiert d. h. als *nené* gehört worden. Vgl. **babá, bubá*, S. 34, auch *nannó*. In der östlichen Hälfte der genuesischen Küste findet sich überhaupt eine Gruppe (selbstgehörter) rätselhafter Ausdrücke *pa-naŋ, náne, nenę*. — Die ladinischen Formen kommen wahrscheinlich aus deutschtirol.: *nèn* = Ahne, vgl. S. 84.

---

[1] Die Begriffe Urgrossvater, Grossonkel, Urenkel, Ahnen etc. habe ich nur gelegentlich gestreift. Sie verdienten zusammenhängende Darstellung.

3) NONNO. *Nonno* unterscheidet sich wesentlich von den ähnlich lautenden Bildungen durch die Thatsache, dass es eine Geschichte hat. Sind die anderen Formen mit oder nach *nonno* entstanden? Haben sie gemeinsame Etymologie? Wir wissen nichts Bestimmtes.

Die Geschichte von *nonno* ist sehr mannigfaltig (vgl. Filiation S. 71). Die ersten Belege lassen uns im Unklaren über die eigentliche ursprüngliche (?) Verwendung des Wortes[1]. Immerhin scheint es (nach Interpretation von Orelli, Inscr. n 2815 vgl. Anm. und Körting resp. Georges ib. 4670) im Sinn von NUTRIX und (nach Diez Wb. 224, Hieronymus und nach Duc.) als Ausdruck der Ehrfurcht angenommen werden zu dürfen. Welches ist nun die ursprüngliche Bedeutung? Nichts als die kindersprachliche Form giebt uns dafür eine Andeutung. Denn die beiden Verwendungen sind so verschieden, und derart, dass sie nicht ohne Zwischenglieder — etwa: Alter, alte Frau — von einander abgeleitet werden können (vgl. Filiation S. 71). Überdies könnten vom logischen Standpunkt auch alle andern (spätern) Bedeutungen — wie Pate, Mönch, Alter, Gross- und Schwiegervater — die ursprüngliche representieren. Mir scheint jedoch die Form entschieden auf den Vorstellungskreis der Kinder hinzudeuten und da ist kein Zweifel, dass NUTRIX den Vorrang haben wird. Von da zu Grossmutter (nach Anm. 1, S. 68) alte Frau, ehrender Ausdruck für das Alter ist kein grosser Schritt mehr. Im Nachstehenden habe ich eine Bedeutungsfiliation versucht:

---

[1] Orelli Inscr. n. 2815 wird ganz verschieden interpretiert. Für Orelli: NONNA *hic pro nutrice positum videtur*, für Diez: Ausdruck der Ehrfurcht. Ich wage mir kein Urteil über den lakonischen Stil der Inschriften. Auch bei n. 4670 komme ich zu keinem Schluss. — n. 2875 bei K. ist zu streichen, NONNUS kommt darin gar nicht vor. In Hieronymus (Diez, Scheler) konnte ich bei mangelnder Stellenangabe nicht nachsehen. Nach Forc.: 1) *nomen reverentiae* Benedict. Reg. 480—543, so auch Duc. *nutritor, educator:* Inscr. Zaccaria (nicht nachgesehen), vgl. Schuchardt Voc. II, 117 (nach ALL IV, 134) — Auch *atta* s. Delbr. 449, ist Kinderwort und Titel zugleich.

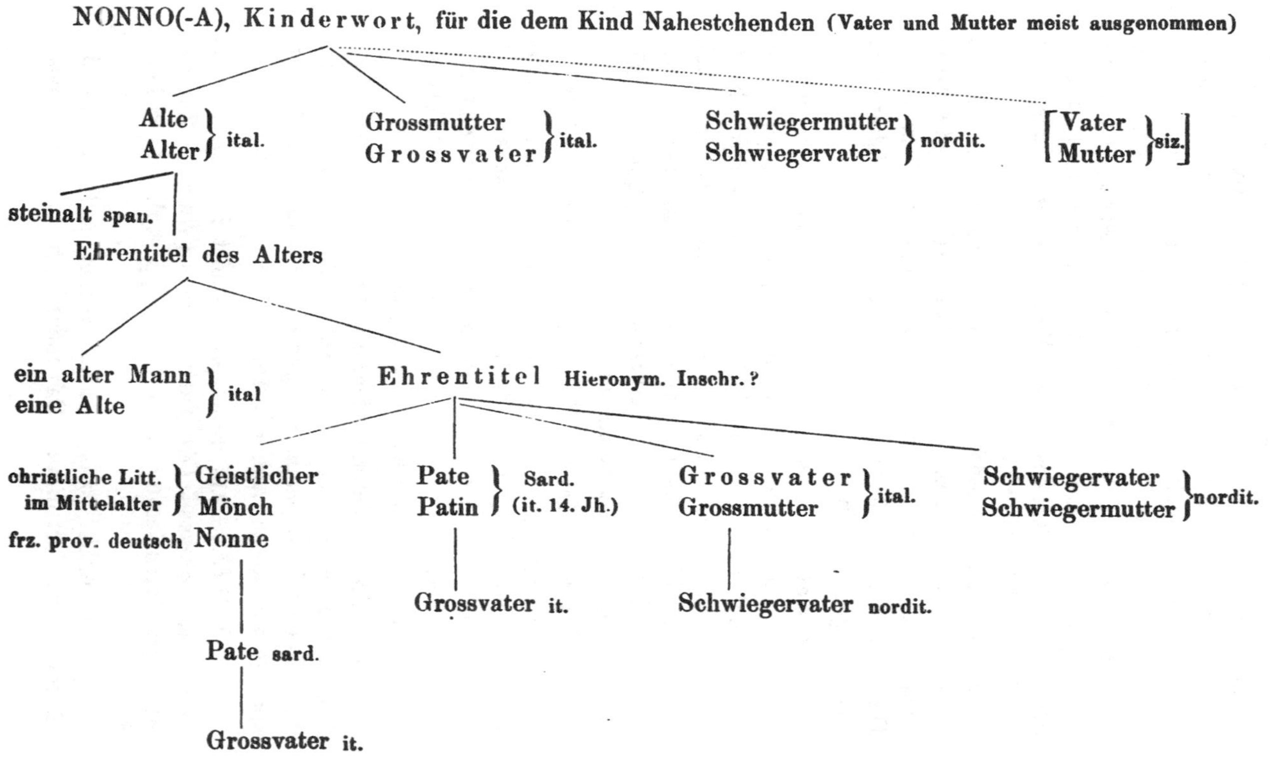
NONNO(-A), Kinderwort, für die dem Kind Nahestehenden (Vater und Mutter meist ausgenommen)
Alte
Alter
ital.
Grossmutter
Grossvater
ital.
Schwiegermutter
Schwiegervater
nordit.
[Vater
Mutter
siz.]
steinalt span.
Ehrentitel des Alters
ein alter Mann
eine Alte
ital
Ehrentitel Hieronym. Inschr.?
christliche Litt.
im Mittelalter
Geistlicher
Mönch
frz. prov. deutsch Nonne
Pate sard.
Grossvater it.
Pate
Patin
Sard.
(it. 14. Jh.)
Grossvater it.
Grossvater
Grossmutter
ital.
Schwiegervater nordit.
Schwiegervater
Schwiegermutter
nordit.

Aus dieser mehr logisch construierten als historisch belegten Übersicht geht für unsern Begriff hervor, dass das Kinderwort auf zwei verchiedenen Wegen zur verwandtschaftlichen Bedeutung gelangen konnte: 1) auf directem (rechts oben oder 2) auf indirectem (links) durch Vermittlung des Gebrauchs als Ehrentitel. Welcher ist eingeschlagen worden? Die begriffliche Elasticität des Kinderwortes und Mangel oder Unklarheit der historischen Belege erlauben mir nicht die Frage völlig zu entscheiden. — Immerhin könnte man, zu Gunsten directer Entlehnung aus der Kindersprache, die Thatsache hervorheben, dass die italienische Vulgärsprache *nonno* = Ehrentitel (geistlicher oder anderer) nicht kennt. Dieser Gebrauch scheint in Italien nur dem mittelalterlichen Latein eigen zu sein.

Ausdehnung: *nonno-nonna* gehört Nord- und Mittelitalien an, wie *fratello* und *figliolo*; davon ist ausgenommen der Piemont und ein Teil der Lombardei, insofern als da nur das Fem., *nöna*, Fuss gefasst hat, masc. = *misser*, vgl. S. 80. Im Süden scheint *nonno* neuerdings importiert zu sein; wenigstens kennt es die Volkssprache der Campagna di Napoli nicht, sie sagt: *tatone-mammone*. S. 74.

Morphologische Veränderungen: 1) **Suffixe**: *nonòn* Piemont (Gavuzzi) = *bisavo*: *nunnon* Ferrara, *nunú* Bologna; *nunún* neuprov. (Mistral). — *nunnarella* nach *cumparella* Nr. 16, in der Kindersprache. 2) **Verwachsung**: *ño-nono*, *me-nona* Udine [*ño* = *mio*]. —, *la mi-nonna* Cortona, Pesaro, San Marino, Elba, Corsica (Zucc.).

4) NUNNU Vater, sei hier erwähnt, um die Liste dieser ital. Lallwörter *n* + Voc. zu vervollständigen. Die Function eines Titels scheint *nunnu* = *signore* zu haben in der Kindersprache von Lecco. Agl. IV, 132.

5) LULLU. Auf franco-prov. Gebiet für Urgrossvater: *grou-lullet* — *grouša-lulléta* Val d'Aniviers (Wallis). Zur Bedeutungsdifferenzierung dieser Lautgruppe vgl. *lalla* = Tante S. 106.

6) MAMMA. *mam* = *nonno* vegliot. Agl. IX, 174, die Mutter heisst dort *niena*. Das indifferente Lallwort *mamma*

scheint also dank seiner masc. Bedeutung in die Masc.-Declination übergegangen zu sein.

Wir gehen über zu Neologismen, die auf thatsächlicher Beobachtung (Apperception) beruhen.

b. Neue Apperception.

α. AUF GRUND SEINER ÄHNLICHKEIT MIT DEM VATER.

Die Übertragung des Vaterausdruckes auf den Grossvater kommt nur vereinzelt vor. Ich denke sie mir so, dass das Kind die Benennung sich aneignet, die es seine Eltern ihren Eltern geben hört, während bei der kindersprachlichen Urschöpfung das Umgekehrte stattgefunden hat: dort haben die Eltern innerhalb der Familie den von den Kindern aufgebrachten Ausdruck adoptiert und dadurch sanctioniert. — Bei der grossen Anzahl von Beispielen ist zu scheiden zwischen:

1. Einfacher (Vater-) Stamm.

Es wird meist der familiäre Ausdruck in dieser Weise übertragen: 1) *papa-mama (mamã)*[1] Wallonisch: Liège, Dép.: Yonne, Marne, Meuse, Jura (wo *mãmã* allein), als veraltete Ausdrücke: Dompierre (Gauchat). — 2) — *-memains* Porrentruy (Monnier). — 3) *papá-mamá* Var. m. — 4) *pay* Oloron (B. Pyr.). Hier scheint Bedeutungsdifferenzierung vorzuliegen; denn Vater-Mutter heisst dort *papa-mama*. — 5) *pà-mà* Ronco Canavese (Ivrea) m., wo ebenfalls *pare-mare* im eigentlichen Sinn gebraucht wird. Das Verhältnis vom familiären zum vollgültigen Ausdruck ist hier umgekehrt. — 6) *pàbuŋ — màbuŋ* (sic!) = Ururgrossvater: Crotto (Piem.) m., die Verschiebung ist noch weiter hinauf durchgeführt. — 7) *babbo.* Ohne Zweifel durch Vermittlung der Schriftsprache ist *babbo* zur Bedeutung „Grossvater“ gekommen in solchen Dialecten, in

[1] Auf meine Frage, wie denn der Grossvater vom Vater unterschieden werde, bekam ich jeweilen zur Antwort: durch den beigefügten Vornamen: *papa Joseph, mamma une telle.* Diese Ortschaften haben also thatsächlich keinen eigentlichen Grossvaterausdruck.

denen es von Hause aus nicht heimisch ist, wie im ganzen Norden. So *bábo* venez. [*papà* = Vater] m. und Boerio. Ferner *babbo-dò* (wohl < DOMINAM) Pontetresa, gehört dort zum guten Ton (m.), sonst *papin-mamin,* siehe unten. — 8) *stramamă*, *re-s-mamă* rum. (E. Picot) möchte auf derselben Verschiebung beruhen.

II. Erweiterter (Vater-Mutter) Stamm.

1) Suffixe.: Italien und Frankreich nehmen gleichen Anteil: 1) -ONEM: *tatone-mammone* Abruzz.: Teramo, Sora m. Chieti m. *babbone-mammone* Muro, auf dem Land (Corsica). *papú(n) - mamú(n)* Gascogne (litterarisch) B. Pyr. béarn., Bayonne. *reire-* und *arre-papun* ebendaselbst. *papon-(memains)* Porrentruy (Monnier), vgl. Godefr. *payú-mayú* Bedous (B. Pyr.), das Suffix wurde hier ausnahmsweise an PATER angehängt. — 2) -INUM: *papiŋ-mamiŋ* Sessa, Pontetresa, concurriert mit *papá-grand* — *máma-granda*. *papẽ-mamẽ* Hailainville, Domgermain (Voges Adam) *pāpẽ-māmẽ* Serres (Meurthe-Moselle, Adam). Ich vermute, *papi*(*pāpi*)-*mami*(*māmi*) Lothringen (Vosges, Metz, Rom. II, 447) und Berry seien Nebenformen dazu[1]. Vgl. *ōki*, *ōkẽ*, S. 96. 3) -ELLUM: *tatel (tadilmo)*, *mamel* (*mamill*) Atina, Terra di Lav. m. *papilho* Bordeaux (unsicher). 4) -ETTUM: *papeto-mameto* Languedoc (Hérault) Gard. *babeto-* — limous. (Mistral). *papé-mamé* (nach dem masc. vgl. *ma-naŋ*, statt **mameto*) möchte hierher gehören: in Gironde (Dordogne) vollgültiges Wort, mehr Kinderwort im Osten: Gard. H. Alpes. Ardéche. *pa*(*y*)*šét-ma*(*y*)*šéta* Argelès, Arrens (H. Pyr.) Rev. Pat. Gallor. IV, 241; *mammetta* Abruzz. neben *mammuccia*. — 5) (*babio*)-*mamaio* Calvi, Corsica m. *babbai-(mam)* Logudoro, Cagliari m. Sp. vgl. *nannai*, sind entweder Übertragungen aus *gopái-gomái* (Hoffmann 105, Spano), wo *ai* als Suffix gefasst wäre, oder es ist geradezu BAB + PATREM = **babpai*.

---

[1] Tissier schreibt: *m'amie*, Jaubert ebenfalls, er fügt hinzu: *nom d'amitié, souvent pour la grand' mère.* Will man an dieser Erklärung festhalten, so ist das Masc. *papi(e)* analogisch nach dem als Derivatum von *mamă* gefühlten *m'ami(e)* gebildet worden.

2) Kindersprachliche Doppelsetzung. Diese Bildungsweise ist nach meinen Belegen auf Frankreich beschränkt. — 1) *pepẹ́r-memẹ́r*, weniger häufig als *pẹ̆pẹ̆* 3), bildet zu dessen Verständnis einen interessanten Übergang. Es findet sich im ganzen nördlichen Teil Frankreichs, besonders reichliche Belege aus der Picardie; sodann wallon., lothr., norm., (Bray) und Anjou; im Ganzen 20 Ortschaften. Nirgends scheint *pepẹ́r*, im Gegensatz zu *pẹ́pẹ́*, aus dem engern Familienkreis herausgetreten zu sein. Es hat seinen Gefühlswert als Kinderwort nicht, wie jenes, aufgegeben. — 2) *papai-* — vereinzelt im Südwesten. — 3) *pẹ̆pẹ̆-mẹ̆mẹ̆* (mit kindersprachlicher Abwerfung des Schlusscons.) deckt sich grösstenteils mit dem Gebiet von *pepẹ́r*, obschon im Norden unbekannt, ist es sehr häufig im Nordosten, wo es in fünf Ortschaften in den Dép. Doubs und Jura sogar zur gewöhnlichen einzigen Bezeichnung der Grosseltern geworden ist. *grand-père* ist dort nicht in die Volkssprache eingedrungen. Südlich reicht *pepe-meme* bis Berry, Poitou, Saintonge, Seine et Oise, Charente (wo *pepẹ̆-memẹ̆* abbé Rousselot); westlich: Ile d'Yeu, Deux Sèvres, Ille-et-Villaine. Es scheint sich sogar auf prov. Gebiet verbreitet zu haben, wo es der Form wegen unmöglich indigen sein kann. Fünf Beispiele aus dem Südwesten: Caude, Bayonne, Bordeaux, Aveyron, Tarn, in welch letzterem Fall es mir ausdrücklich als „französisch" angegeben wurde. Dafür sprechen auch die Zusammensetzungen mit *grand* (um die Bedeutung klarer zu stellen) *grã-pẹpẹ* — *grã-mẹmẹ* Corrèze, Ardèche. — 4) *piẹpiẹ-miẹmmiẹ*: Vierton (Ardennes) m. ostwallon. gehört der Umgangssprache an. *pẹpẹ-mẹmẹ* scheint die dort lautgesetzliche Diphthongierung (vgl. *tieste*, aber *pẹr-mẹr*) mitgemacht zu haben. — 5) *pepẹi-mamẹi* zu südostfrz. *peire-meire* H. Alp., Hérault, Vaucluse. — 6) *papapo-* — Lozère. — Unklar ist mir die Entstehungsweise von *papẹ́-mamẹ́*, das im Westen (Gironde, Dordogne) der Umgangssprache, im Osten (Languedoc, M., Gard, H. Alpes, Ardèche, Cantal (*momé*) der Kindersprache angehört. Vgl. S. 74. Möglich, dass auch *pape-mami* nordöstl., *pepi-memi* südwestl., *pipi-mimi* südlich hierher gehören. Vgl. Nr. 15, II.

β. AUF GRUND EINER MORALISCHEN EIGENSCHAFT (GÜTE).

1) *bŏ-papa—bŏ-mammă* (sic!) wallon. m. Bruxelles; Seine-Inf., Cantal. 2) *pay-bu(ñ)—may-bune* Béarnais, Landes. 3) -- *-bona* (Subst.) B^sse^ Auvergne (Malval), vgl. *grando*. 4) *pabuŋ—ma-buŋ* (vgl. *ma-naŋ*) = Ururgrossvater, Crotto m. 5) — *-buŋ* (neben *nona*) Corio (Turino) m. 6) *tata bunmama buna*, familiär neben *moş*, und *bunicŭ-bunică (bunicută)* vgl. 5), rum., letzteres in der Stadt, *moaşă* auf dem Lande gebräuchlich. *străbun* Urgrossvater. 7) — *mamma cara* Corsica (Zucc.) 8) *cacaro-cacara* Calvi m. — Auch in germanischen Mundarten wird der Grossvater ähnlich bezeichnet: *Bestevar* im Odental (Germaniens Völkerst. I, 446).

γ. AUF GRUND EINER PHYSISCHEN EIGENSCHAFT (ALTER).

A. Alt:

pay-viel—may-viele Basses-Pyrénées; das einzige romanische Beispiel, wo der Begriff des Alters direct verwendet wird. Vgl. *tad coz-mam coz* neubret., *coz* = alt. *hendat-henmam* altbret. *hen* = alt. Als Regel gilt im Gegenteil:

B. Alt = gross[1].

a. MAGNUS[2]. 1) *manneddu-* — [< MAGNELLUM, vgl. *mannu* gross, *linna* = LIGNA] auf Sardinien (Spano). Vgl. berndeutsch: *grosi*, *grossele*, schw. Id. 2) *mannoi-* — Sard. (Sp.). *-oi* ist mir unklar, vgl. *-ai* S. 74, dazu: *donnu mannu* Sp., wie *messiavu*. S. 80.

b. GRANDIS. α. Frankreich. Die Bildungen (Compositionen) mit *grand* beherrschen ganz Frankreich und haben wohl hier ihren Ursprung genommen [an eine begriffliche Tradition mit MAGNUS nach Anm. 2 ist nicht zu denken] und wurden wahrscheinlich von da nach Süd- und Nord-

[1] Näheres über diese Substitution nach Aufführung der Thatsachen. S. 79.

[2] MAGNUS, schon lat. in ähnlicher Verwendung. *avunculus magnus-amita magna* (*major*, *maximus* etc.) scheint da jedoch juristischer d. h. bewusster Herkunft zu sein.

italien verpflanzt. 1) *gran-grando* im Südwesten (Creuse, Puy de Dôme, Aveyron, Gard (*ma grã*), H. Alpes, Drôme, Loire, Isère (t. enfantin Devaux), Savoie][1]. Vgl. bernerisch: „grosse" Schw. Idiot., vgl. „Ma Grande" Titel eines Romans von P. Marguerite. *grã-grã-* — in Saône et Loire (Kinderwort). *grantú-grantún* H. Alpes [vgl. afr. *grant* + ONEM).

2) *grand-père—grand'mère* in ganz Nordfrankreich; ob es im Süden importiert und übersetzt, oder einheimisch, ist schwer auszumachen. Die litterarischen Belege gehen nach Littré bis ins 13. Jh. hinauf wie *petit-fils*. — Was die Verbreitung resp. Übersetzung in den germanischen Sprachen anbetrifft, so scheint mir nirgends ein gewichtiger Einwand vorzuliegen, um nicht unabhängige Neubildung in Deutschland[2] und vielleicht auch in England[3] anzunehmen.

3) *père-grand—mère-grande* im Osten, frz. Schweiz (neben *grã-pare* Waadt), Savoyen; nach Littré auch der familiären Gemeinsprache angehörend, besonders in *contes d'enfants*, so in Ch. Perrault's *Chaperon rouge*. *porgrã-morgrã* Lyon, *mẹrgrã*, aber *granta* Palézieux (Waadt), vgl. *ma gran* Devaux). *paire-gran—maire-gran* Var, Alpes Mar. *pay gran-may-grano* béarnais, Gers, B. Pyr. — 4) *papa grand* Savoie, H. Alpes, B. Auvergne und Norditalien. Vgl. das Folg.

---

[1] Auffallenderweise finde ich zwei Beispiele in der Umgegend von Paris und eins in der Normandie (Eure).

[2] Zwei Erwägungen veranlassen mich zu dieser Ansicht. 1) Die Gesamtbetrachtung romanischer Idiome beweist uns gerade, dass der Begriff „Grossvater" überall mit dem Adj. „gross" ausgedrückt werden kann. So auf Sardinien, im Wallis und in Frankreich unter vier verschiedenen Formen. 2) „Grossvater" ist ebensowenig die einzige Form im grossen deutschen Sprachgebiet als *grand-père* im Frz.: in beiden Ländern weisen die Volksmundarten (vgl. *grossi* Bern, schw. Idiot. u. a.) analoge Bildungen auf, denen dieselbe Begriffsvertauschung, „gross" für „alt", zu Grund liegt und an deren Ursprünglichkeit Niemand zweifeln wird.

[3] In *grand-father* liegt ja entschieden franz. Einfluss vor. Aber wäre es nicht möglich, dass der einheimische Ausdruck *great-father* gewesen wäre, vgl. *great-sun* neben *grand-sun*, und dass man unter dem Einfluss der franz. Hofsprache einen Teil des Erbwortes übersetzt hätte, ein Vorgang, den man so wie so für *great-sun*, *grand-sun* annehmen muss?

β. Norditalien. 1) *granpá-grommă* Crotto (Piemont), das einzige Beispiel mit vorgestelltem Adj. — 2) *puä-grand* — *muä-granda* genuesische Küste bis Spezia. 3) *pà grand* — *máma granda* auch *mare grand* Piemont, Triora; Tessin (wo *pa-mam*). — 4) *papă grand* — *mámma granda* ist der gewöhnliche Ausdruck im Piemont; Novara, Piacenza, Pavia, Genua, Mailand, Como. — Diese französischen Nachahmungen, obschon früher Eigentum der besseren Klassen, sind bereits schon ins Volk gedrungen [1] und mancherorts gebräuchlicher als *nono-nona*. Das alte Wort *messer* ist nur im Gebirg noch lebendig. S. 80. 5) — *mamin gran* Piemont und Como, ist seltener.

γ. Süditalien. Ein grösseres Wortmaterial würde erlauben zu scheiden zwischen ansässigen und importierten Wörtern. *pa-rann* — *ma-ranna* P. Armerina (Sizilien). 2) *papa-granni* — *mamma-ranni* (sic!) siz. T. ohne genauere Lokalisierung. 3) *tata-gran* — *mama-gran* neap. und Basilicata (Viggiano). *tata-ranno* — *mama-ranna* Ortanova (Foggia, vgl. *tata-rosso*). 4) *bja-rañ* [2] oder *pja-rañ* (ohne entsprechendes Fem.) für **paj(r)rañ* Faeto Agl. XII, 74. Nach mündlicher Mitteilung mit *nonne* als Fem. gebraucht. — Vgl. endlich negerport. *puègani*—*muingani.*

c. GROSSUS. GROSSUS scheint ein Synonym von GRANDIS zu sein im Franco-prov. und Südital. 1) *gru-grúsa* Le Noyer (Savoie), in der Anrede nur *pore; grou-grouša* Aniviers (Wallis). 2) *par-gros* — Bonneval (Savoie). — 3) *tata-grosso-* — Teramo; *tata-rosso* — *mama-rossa* Cagnano Varano (Foggia). 4) *papa-ruosso* = Urgrossvater Portici m.

d. BELET = gross. Nach Mistral *grand*, *grandelet* H. Loire, ebenso *bé-béla* Velay. Vgl. *una bela filya* = une

[1] Beweis: *papiŋ*.

[2] Was das Schwanken des Labialen betrifft, so findet sich *suñ-paj* neben *sumbaj*, Agl. XII, 74, (aus solchen Verbindungen ist der stimmhafte Laut zu erklären). *pja* für *paj* nennt Morosi eine „*curiosa metatesi*“, Agl. XII, 57, ich wüsste auch nichts Besseres. Vgl. immerhin *lo boñ pjerlo Dio* = *il buon padre D.* Val Soana. Mir wurde für Faeto *pae-mamma* angegeben, was mit Val d'Aosta *pae, frae* Chatillon, *pah* Cogne, auffallend stimmt.

grande fille. 1) Mistral citirt: *bel*, *belet* (Albigeois) *beleit* (Velay) *beleto* (lim. Auv. Forez, nie das Fem. 2) *bělę-bělǫ* (fem. unklar) Orcines m (Puy de Dôme). Vgl. M. *lous belets* Ahnen, *reire-belet* = Urgrossvater.

Alle aufgezählten Ausdrücke concordieren im Begriff „gross", wo man „alt" erwarten würde. Wie soll man diese Vertauschung erklären? Wie kamen so viele und verschiedene Sprechgemeinschaften auf dieselbe Ausdrucksweise? Wiederum scheint mir das Kind die Veranlassung zu sein. Die Idee des Alters war ihm zu abstract, so hielt es sich an das äussere Zeichen des Alters: die Grösse, das ihm — zwar nicht am Grossvater — wohl aber an seinen grösseren oder kleineren Geschwistern auffallen musste, und in diesem Milieu konnte die Gleichung *alt* = *gross* leicht entstehen. Vgl. Schweiz. Idiot. unter *gross*. In Zug heisst „*der gross*", „*die grosse*" der (die) ältere Sohn (Tochter), auch wenn die jüngeren Geschwister zufällig grösser sind.

δ. AUF GRUND EINER METAPHER.

1) *repère* = *grand-père* Saintonge. 2) *reire* prov. = *arrière-grand-père*, ebenso *reire-gran* Villeneuve, Brouzet (Gard) Rev. d. P. I, 138, Var, Bédarieux (Hérault) wo *reires* = ancêtres. Über den zu Grunde zu legenden Begriff „zurück" S. 90.

ε. AUF GRUND SOZIALER AUSZEICHNUNG.

A. Titel + Verwandtschaftswort.

a. Titel + Vater. 1) *segnpay-* — Gascogne; 2) *bab segner- mamma duona* Eng. Münster (Bühler) *babsęñer-nǫna* Bergell (Morf und Agl. I). 3) *pamisé-* — Mendrisio, vgl. *pamadregno*, Nr. 12. Was bei 2) und 3) auffällt, ist die Nachstellung des Titels, *bab segner* für sich allein würde als PATER SENIOR „älterer Vater" aufzufassen sein (vgl. *bap sègner* = Signore, Iddio, Gergo berg.; *sogre dame* prov. Schwiegermutter, Diez, Wb. 518). Die Gesammtheit dieser Bildungen aber zwingt uns in *segner*, *duona* und *misé* eine Art erklärendes Attribut zu sehen: für das Kind ist er derjenige Vater (Mutter), dem die anderen Leute gemeiniglich *segner, dona, misér* sagen. Die Auffassung als Ehrentitel wird bestätigt durch *bab, auk señer* = „Vater, Onkel seelig“ Flims, wo *senior* „älter“ keinen Sinn gäbe. Vgl. S. 102 ff. 4) *sa pay- sa may* Bagnères (H. Pyrénées). *sa* ist vielleicht SENIOR. Über masc. Titel für weibl. Personen s. Rev. d. langues rom. XXXI, 444 und Lit.blatt 1884, 336. Vgl. *so ámia*, S. 102 n. 2.

b) Titel + Grossvater. 1) *messiavu - madonáva* Genua Wb. *madoná* Torriglia m. (vgl. *gnor-patre* neap., *nannu-avo* S. 69). Diese interessante Bildung ist auf Genua und Umgegend beschränkt. 2) *donnu-mannu* [= DOMINU-MAGNU] sard. (Spano).

B. Der Titel steht allein.

a: SENIOR. Oberitalien: Verwachsen mit dem Poss. Pron. der I. Pers. sind SENIOR und DOMINA auf dem ganzen italo-gallischen Sprachgebiet zu ehrenden Titeln geworden. In Oberitalien haben sie verwandtschaftliche Bedeutung angenommen 1) „Grossvater“ (*madona* hier nicht), 2) „Schwiegervater und Schwiegermutter“. Ausserdem 3) im Sinn von „*prete*“ Assonica (berg. Tirab.) — *m(i)sé-nona* in den Prov. Como, Milano (nordwestl.) und Novara (Osten). — *amsę-mamma granda* (vgl. *anvud* = NEPOTEM) im mittleren Teil: Prov. Novara (Süden), Alessandria. — *ampsę-nona* (vgl. *monsieur* zu *psyœ*) Acqui. — *(m)pšę-nona* (Wb. *pcè, cè*; zum Lautübergaag vgl. *mesę* Val Soana) im südwestlichen Piemont[1]. — *meser* Camajore (Lucca m. viell. ein Irrtum). — *pceron* Urgrossvater Piemont Wb.

Das von *messer* = Grossvater occupierte Gebiet bildet somit eine langgestreckte von Südwest nach Nordost schräg verlaufende Zone[2]. *misser* = Schwiegervater dagegen umfasst

[1] Dass wir es vielleicht mit *messer* zu thun haben bezeugt fernerhin *pceron*, s. unten.

[2] Deren mir belegte Endpunkte sind: Cuneo, Acqui, Alessandria, Novara, Como, Nesso, Varese, Borgo-Ticino, Vercelli, Asti, Pinerolo, Frassino und Cuneo (alles m.).

ganz Norditalien das angeführte Gebiet grösstenteils mit inbegriffen. Es herrscht demnach mancherorts eine gewisse Unsicherheit, der das gewaltig eindringende *nonno* nunmehr abhelfen wird. Die eigentümliche geographische Ausdehnung, falls sie nicht nur auf Mangel an Belegen beruht, kann ich nicht erklären. Jedenfalls ist *pcè* in seinem Gebiet indigen, während *misser* = Schwiegervater in demselben Gebiete importirt zu sein scheint[1].

Südfrankreich. Die westlich an den Piemont sich anschliessenden südfranz. Formen unterscheiden sich durch das Fehlen des Pronomens. 1) *seigne(sini)-donno* Briançon (H. Alpes), Queyras; *segne-* — prov. (nach Wb. Gergo berg. und M.) vgl. *segn pay* S. 79. — 2) *segn grand-* — und *reire segne grand* Gascogne M. 3) *grans sire* afr. Elie de St. Gilles 1086, ebenso engl. neben *grand-father*. *grand sour* afr. Chron. Stavelot (nicht gefunden) Godefr. — Mittelitalien: *sire, sciore, sirome* Abruzzen.

b. DOMINA. Das Fem. tritt in der Neubildung weit hinter dem Masc. zurück. Die Dialecte begnügen sich meist mit dem Ausdruck für Mutter *(mamma)* oder acceptieren einen fremden. So streiten sich neuerdings *mamma granda* und *nona* um den Besitz Oberitaliens, besonders des westlichen. Haben sie es bereits dazu gebracht, *madona* „Grossmutter“, das als „Schwiegermutter“ über das ganze Gebiet verbreitet ist, zu verdrängen oder hatte es überhaupt diese Bedeutung nie? ich weiss es nicht. Thatsache ist, dass sich nur ganz kümmerliche und unsichere Reste davon vorfinden, abgesehen vom engad. *mamma-duona.* 1) *misé-dò*[2] Pontetresa (Tessin), (von einem sonst zuverlässigen Indigenen). 2) *seigne-donno* Briançon (H. Alp.). 3) — *-donna* soll in der franz. Schweiz vorkommen.

c. BARBA. Ein ähnliches Schicksal wie *misser* hatte *barba*; ursprünglich wohl nur ehrende Bezeichnung für einen ältern Mann, nahm es gleichfalls verwandtschaftliche Bedeutung

[1] Oder läge hier wiederum ein Fall wie *padre-pa* vor? S. 27 ff.

[2] Dass wir es mit DOMINA zu thun haben, bestätigt die Bedeutung „Schwiegermutter“; vielleicht proklitisch *do* neben *dona*.

an 1) „Onkel" in ganz Oberitalien, 2) „Grossvater": nur vereinzelt im Lombardischen, *barba-nona* Soncino (Cremona), Lago maggiore, Varese (2 mal); im Ganzen vier m. Belege.

Gemeinsam ist den nordital. Neubezeichnungen für unseren Begriff im Masc. 1) dass sie als solche auf den westlichen Teil beschränkt sind, 2) dass die dazu verwendeten Titel *misser*, *barba* in demselben und noch weit grössern Gebiet zur Bezeichnung zweier anderer verwandtschaftlicher Beziehungen — Schwiegervater und Onkel — gedient haben. Der Übergang vom Grossvater zum Schwiegervater ist leicht denkbar: die Eltern adoptieren den Ausdruck der Kinder; so *nonno* = *suocero*. Weniger wahrscheinlich ist das Umgekehrte: das Kind hätte den ehrenden Titel *misser*, den seine Eltern ihren Eltern gaben, sich angeeignet. Am besten aber ist es, wir nehmen an: *misser*, *barba*, *madonna* (*nonno*?) hätten als allgemeine Titel — aus uns unbekannten Ursachen — sich nach zwei Richtungen hin gespalten. Vgl. *beau-père* in Nr. 9 und 12.

d. NONNO. Zur Vervollständigung erinnere ich an *nonno*, das nach S. 77 vielleicht mit eben soviel Recht — durch Vermittlung des Gebrauchs als Titel — hierher gezählt werden könnte.

II. BESONDERE URSACHEN.

a. Taufpate = Grossvater.

In Südfrankreich und Ostspanien scheint es Brauch zu sein, die Grosseltern — oft nur den Grossvater — zu Taufpaten zu nehmen. Daher gegenseitige Vertauschung der Ausdrücke. Vgl. Nr. 15. Wo die patenschaftliche Seite des Grossvaters in den Vordergrund tritt, wird zuerst beim Kind, dann bei den Übrigen „Pate" gleichbedeutend mit „Grossvater". — Morphologisch können wir unterscheiden:

α. UNVERÄNDERTER STAMM.

1) *peirí-meirino*; westl.: Tarn, Tarn et Gar., H.es und B.ses Pyrénées, Dord., H.-Garonne; östl.: Vaucluse, Drôme, Lozère,

Alp. Mar. 2) *peiré-meiréna* H. Loire, véllavien. 3) *padri-padrina* (!)[1] Graus (Huesca) Aragonien und Balearen. 4) *parā-*[2] — Tionville bei Metz, steht ganz vereinzelt.

β. UMFORMUNGEN DES STAMMES.

Wir können zwei kindersprachliche Processe unterscheiden: 1. Lautsubstitution. 1) *menino* für *meirino*, ist über den ganzen Süden verbreitet, in Verdun (H.-Garonne) m. ist es der einzige Ausdruck; als familiärer Ausdruck: Auvergne, Puy de Dôme, Tarn (3 mal). Litterarisch verwendet in Daudet's Sapho *„la Ménine"*. — 2) *(pepi)-niní* Alp. Maritimes, ist weniger durchsichtig, scheint sich aber doch an *meiri-mení* (wie *menino*)*-niní* durch die bekannte Doppelsetzung der betonten Schlusssilbe anzuschliessen. — 3) — *-mina* altlimous. M. (Accent fehlt) wird mit *meinas* Kinder zusammen gebracht: „die Kleine", Vertraulichkeitsausdruck wie *petite mère*. Ich würde sie eher durch Anlehnung an *menino* erklären (Apokope und Metathese).

2. Lautangleichung. Hier einige ebenso verbreitete wie unklare Formen: 1) *pepi-memi* (Accent unvernehmbar). Südwesten: Aveyron, Aude, Tarn, H. Garonne, Gascogne; Meuse, oft als einziger Ausdruck. Was mich abhält sie als Urschöpfung anzusehen, ist der ungleiche Vocalbestand, s. Definition S. 68. So neige ich zu einem Compromiss, von *peirí-meirí(o)* ausgehend. Es wäre in *meiri* — unter Einfluss des labialen Anlautes — das intervocale *r* diesmal durch *m* ersetzt worden und das so entstandene *memi* hätte *peiri* in entsprehender Weise modifiziert. — 2) *pipi-mimi*, in Tarn et Gar., Aveyron, Puy de Dôme, Lot (Land); Jura in der Sprache der Erwachsenen, vgl. Rev. d. langues rom. VI, 520, familiärer in B. Pyrénées, Tarn; ob hier die Angleichung noch weiter getrieben worden ist oder ob unabhängige Neuschöpfung vorliegt, entzieht sich meinem Urteil. Vgl. 143.

---

[1] Aus dieser Analogiebildung schliese ich, dass der Grossvater hauptsächlich zum Paten genommen wurde, vielleicht nur er. Vgl. 134, 135.

[2] Kann lautlich auch PARENTEM sein, doch ist bei der Häufigkeit dieser Vertauschung am Patenbegriff (lautlich PATRANUM, S. 142) festzuhalten.

b. Entlehnungen.

A. Aus dem Deutschen. 1) *tat-tatta* rät. Grossvater, Bergell Urgrossvater, ist schweizerischen Ursprungs: s. Idiot. *Tätti.* Dass nicht lat. TATA vorliegt zeigen die Composita: *b(a)z-at — baz-atta* Rhein. Eng. (Bühler) = *Ätti*, ahd. *atto*, Urgrossvater; Bergell Ururgrossvater, besonders deutlich *ur-at — ur-atta* surs. Flims m. ferner *štšir-at štšir-atta* Bergün m. Vielleicht darf an OBSCURUS gedacht werden. — 2) *néne* Grossvater St. Leonhard, Abtei, Enneberg, St. Vigil, *näine* Gröden (Gartner, Gram. 29); *nènnĕ* Grossvater ladin., (Alton) Fem. nirgends angegeben; aus deutsch Tirol *nĕn-(nandl)*, *mein(e)* + *Ahne* (Tir. Wb.) vgl. *näni*, *nätti* schweiz. Id. — 3) *vir-grand-père* = Urgrossvater, Côte d'or (Corresp.) sollte nicht das deutsche *ur* drin stecken?

B. Aus dem Griechischen. *pappu-mói* Reggio Calabria < *πάππος* und *μαῖα*. Agl. IV, 70.

C. Aus dem Slavischen. *moş-moaşa (stra-moş* etc.) als jurist.-litterarischer Ausdruck in Rumänien neben dem familiären *tata-bun*, *bunicŭ*. In der Walachei soll *mosč*, sonst Onkel, S. 107, gebräuchlich sein.

ZUSAMMENFASSUNG.

Das lateinische Simplex AVUS-AVA ist der lebendigen Sprache, bis auf einige Gebirgsthäler, verloren gegangen. Im übrigen Gebiet lebt es nur mit Hülfe von Suffixen weiter und ist in der Umgangssprache[1] bereits durch Neubildungen ersetzt worden. Von den fünf Erweiterungen, die wir in I. kennen gelernt haben, fallen vier auf Frankreich und je eine auf Italien und Spanien-Portugal. Die Thatsache mag ihre teilweise Erklärung darin finden, dass Italien schon früh durch rein kindersprachliche Bildungen in Beschlag genommen wurde. Das Verhalten der romanischen Schriftsprachen characterisiert zugleich auch dasjenige der Dialecte: beide weisen eine aussergewöhnliche Mannigfaltigkeit auf.

---

[1] Über den Gefühlswert von span. *abuelo* ist mir allerdings nichts bekannt.

Was auf die Überlieferung eingewirkt und sie modifiziert hat, ist zugleich als selbstständig wirkende Kraft aufgetreten und hat als solche eine ansehnliche Zahl von neuen Ausdrücken geschaffen: es ist die Kindersprache und die Titelgebung. Diesen beiden Elementen verdankt vornehmlich Norditalien und Südfrankreich seinen Reichtum. — Die christliche Sitte der Gevatterschaft hat besonders in der Provence auf den Wortschatz eingewirkt. — Die grösste Anzahl von bleibenden Neuschöpfungen jedoch hat kindliche Vergleichung mit dem directen Vater abgegeben. Frankreich gebührt das spezielle Verdienst, den Grossvater nach seinen Eigenschaften benannt und seinen Schöpfungen Anerkennung (und Nachahmung?) verschafft zu haben.

Nr. 5.

ENKEL UND ENKELIN.

I. LATEINISCHE TRADITION.

Zwei lat. Stämme, NEPOT und AVIATICUS, aus verschiedenen Sprachperioden constituiren das römische Erbteil.

A. CLASSISCH-LATEINISCHER AUSDRUCK.

Das lat. NEPOS war durch seinen Doppelcharacter in Form, Geschlecht und Bedeutung nach drei Richtungen hin entsprechenden Änderungen ausgesetzt. Vgl. jeweilen Nr. 7, S. 109. 1) In formeller Beziehung verlangten die rom. Sprachen fast durchweg Uniformierung der beiden Casusformen. — 2) in geschlechtlicher Beziehung, strebten sie nach vollkommener Gleichstammigkeit der beiden Geschlechtsformen; Mittel dazu war die Analogiebildung nach masc. oder fem. Stamm [*nipota* < *nipote*, *neptus* < *nepta*]. — 3) in begrifflicher Beziehung, strebten und streben sie noch nach Aufhebung der traditionellen Zweideutigkeit. Das

Schicksal der Doppelbedeutung von NEPOS lässt sich am besten durch folgendes Schema darstellen:

NEPOS

Enkel	Neffe
span.	—
port.	—
afrz.	afrz.
—	nfrz.
—	rrom.
rum.	rum.
(ital.)	ital.
—	—
alb.	alb.

Wie wir sehen, halten sich die beiden Bedeutungen in ihrer romanischen Verbreitung die Wage. Die Verschiedenheit der begrifflichen Behandlung mag bedingt sein durch verschiedene Latinität. Im classischen Latein bestand kein Gleichgewicht der beiden Bedeutungen: der Sinn von Enkel trat zuerst ins Bewusstsein [1] und Neffe war eine Nebenbedeutung, die z. B. das Fem. NEPTIS noch nicht hatte. Diesen Zustand scheint die hiberische Halbinsel — zufällig entsprechend der Chronologie Gröbers ALL. I — wiederzuspiegeln.

Folgendes die Schicksale der lat. oder spätlat. Formen:

a. Masculinum.

α. Nom.-Voc. NEPOS. 1) *nies-(nièce)* afr. Godefr. 2) *nep-(nessa)* Isola, St. Martin (Alpes Maritimes); 3) *nij-nije̦* [2] Faeto Agl. XII, 42. — *nèo* Enkel lad. Id. (Alton) lässt beides zu, die übrigen dort angeführten Formen aber: *neóu*, *nivó* etc., weisen deutlich auf den c. obl. hin. — *nip-* —

[1] Ebenso im sanskr. Deecke 114.

[2] *nije̦* ist neuere Analogie nach dem masc., denn: *NEPA gäbe **nive* oder **nife* nach *rave*, *rafe*, *NEPTA *nitte̦*.

alban. ist vielleicht auch direct indogerm. [it. *nievo* nur als Neffe]. — Weit bedeutender sind die Nom.-Reste bei NEPOS = Neffe.

β. Casus obl. NEPOTEM. Rumänien, Italien und Frankreich sind hier die einzigen Gebiete (afr. kein Beispiel bekannt, muss aber bestanden haben). Seit dem 17. Jh. hat sich im Französischen die Beteutung der directen Abstammung in den Plural, vgl. *nos arrière-neveux*, *nos neveux* [1], zurückgezogen. 1) *nebode(-i)-* — sard. Sp. [2]; 2) *nepot-nepoată* rum.; 3) *nipote-nipote* Mittel- und Süditalien; *nevod-nevoda* Norditalien.

Bedeutung in Italien: Es ist schwierig bei oberflächlichem Befragen zu entscheiden, welche Bedeutung in den Vordergrund tritt. Immerhin darf mein Eindruck wegen seiner constanten Wiederholung ins Gewicht fallen. Es scheint mir nämlich als ob *nipote* = Enkel kaum mehr der lebendigen Umgangssprache angehöre. In der Toscana mag es noch gelegentlich der Fall sein unter dem Einfluss der offiziellen Sprache; aber in der Volkssprache des Nordens und Südens lebt NEPOS = Enkel nicht mehr [3] und so ist Italien thatsächlich dem jetzigen Zustand in Frankreich nicht mehr gar zu fern. — *γ.* NEPTUS. Als Analogie nach fem. unter II. A., s. K. 5593.

b. Femininum.

α. NEPTIS ist früh durch Formen mit Endungsvertauschung ersetzt worden. — *β.* *NEPTA. 1) *nieto-nieta*

[1] Z. B. Faguet *XVII. siècle* S. 136.

[2] Mit „*nipote*" übersetzt, sodass wir im Unklaren gelassen sind.

[3] Es ist mir oft vorgekommen, im Norden mehr als im Süden, dass die Leute des Volkes nicht wussten, was ich mit meinen zwei Bedeutungen von *nipote* wollte, und ihr dial. *nipote* constant in der Bedeutung Neffe auslegten. Fragte ich, wie denn der „*figlio del figlio*" hiesse, so bekam ich – einige wenige Neubildungen abgerechnet — keine Antwort. Der zweithäufigste Fall war der, dass etwas gebildetere Individuen sich nach längerem Nachdenken des schriftital. Gebrauchs erinnerten oder zu erinnern vorgaben und mir dann ihre Dialectform als genaue begriffliche Entsprechung von it. *nipote* angaben. Diese Identification mag hie und da auf Thatsächlichkeit beruhen, aber ist wohl meist der momentanen Verlegenheit entsprungen. Jedenfalls tritt überall die Bedeutung Enkel vor Neffe weit zurück.

span. port.; *neto-neta* Catalonien, Balearen, Perpignan, Prades. 2) *nepaut-niapta* Veglia, steht vereinzelt. Bedeutung = *nipote!?* -- γ. NEPTIA (lat. Inschr. K.) vgl. Nr. 7. 1) *nies-nièce* afr. Godefr.; 2) *nep-nessa* Isola, St. Martin (Alp. Marit.). 3) *nevodo-nezza* venez, heisst auch Neffe. — δ. *NEPOTA unter II, A.

B. SPÄTLATEINISCHER AUSDRUCK.

AVIATICUS entspricht in seiner Bildung genau dem dtsch. *Enkel* (aus *Ahn* + Suffix, wie *äneli* Glarus Id.). Das Wort, schon dem Mittellatein [1] bekannt, ist lebendig in rät.-tessinischem Gebiet: 1) *abiadega* Veltlin aus 1549; 2) *abiẹ̆de-abiẹ̆da* Bergün m.; *biadi-biadia* rät.[2] Rhein (Bühler). 3) *ebiẹditš-ebiẹdidžẹ* Chironico (Tessin); *biadach* Como (Monti). — *abiatich*, Ururenkel, Piemont (Wb. Sant'Alb.). Das Wort scheint früher eine grössere Verbreitung (vielleicht in ganz Oberitalien) gehabt zu haben.

II. ROMANISCHE WORTSCHÖPFUNG.

A. IM ANSCHLUSS AN DIE TRADITION.

a. Suffixbildung.

nevodin-nevodina Lugano (nach mehrfacher Versicherung). Vgl. it. *nipotino*, das, wie mir scheint, am meisten Chance hat, an die Stelle des aussterbenden *nipote* = Enkel zu treten.

b. Analogiebildung.

1) *nieto-nieta* (masc. nach fem.) span.-port. — 2) *nepot-nepoata* rum.; *n(e)vo(d)-n(e)voda* Piemont, Lombardei;

---

[1] Vgl. ALL VIII, 448, dazu: aus dem J. 1195 ABLATICUS (Monti bei *biadach*). 1605 *un biadeghino d'anni due* (ib.) Delbrück 480 findet in einer Mailänder hdschr. AVVIATICI *Mediolanensium sermone patrio dicuntur* NEPOTES.

[2] *abiedi. beadi — abiedia, beadia* Albula. *abiadi, abiedi — abiadia, abiadgia* Eng. Münster. *(a)biadag, biadig, biadga biadiga* Berg. Puschlav (nach Bühler). Für Bergell vgl. Gött. gel. Anz. 1885; 856.

unvüd-anvüda Parma: *neo(d)-neoda* Venetien, Ladinien. — 3) *nij-nijẹ* Faeto, S. 86, Anm. 2.

d. Composition.

piccol-nevud Pinerolo; *p'cit-nevod* Piemont Wb. = Urenkel; *peti-nevœ — pta-nieso* Puy de Dôme. — Es ist dies wohl zum Unterschied vom eigentlichen *neveu* = Neffe der „kleine *neveu*" d. h. von den *neveu*-artigen Verwandten der „kleine, jüngere".

B. OHNE ANSCHLUSS AN DIE TRADITION.

Die eigentliche Neuschöpfung schliesst sich stets an den Begriff resp. Begriffsausdruck, „Sohn", an. Kindersprache und Titelbezeichnung sind hier ausgeschlossen.

a. Sohn ≅ Enkel.

Verglichen mit Nr. 4, S. 73, fehlt die buchstäbliche Gleichsetzung[1]. Es findet sich nur „Söhnchen" = Enkel, und zwar nur vereinzelt, entsprechend der Suffixerweiterung S. 74. 1) *filyóu-* — Aubenas (Ardèche), vgl. *filyó* < FILIATAM Nr. 10, S. 129. — 2) *figliolino* soll in Calvi (Corsica) für Enkel gebraucht werden. — 3) *piccion-picciona* Cuneo (Piemont).

b. Sohn + physische Eigenschaft = Enkel.

Die einzige Eigenschaft, die hier als unterscheidendes Merkmal dem Sohne des Sohnes beigelegt werden konnte, ist die der Kleinheit. Das deutsche „Grosssohn" ist eine mechanische Übertragung von Grossvater. Delbr. 481. Über die Verschiedenheit im Sohnes-Tochter-Ausdruck vgl. Nr. 2 und 10.

1) *petit-fils — petite-fille*, schriftfrz. seit 13. Jh. Littré, dial. im Norden und im Westen. *tšo-fi — tšotẹ-fiyẹ* Picardie m. Ausserdem im Süden. *petit-hil — petite-hilha* Bes-Pyr., H.

[1] Wenn man nicht Umschreibungen wie „*figlio del figlio*" (Chiasso; Crotto, Frassino) oder *fiöl de me fiöl* (Brescia) als solche auffassen will.

Garonne; *pitšo-fil(fiu)* — *pitšoto-filyo* H. Alpes, Aveyron, Corrèze, Gard, Cantal, Var; *pitšún-fil* Var; *pitoto-fil* Ivrea, steht vereinzelt. — 2) *pitšo(t)-efõ* — *pętšito-filyo* Aveyron, H. und B. Alp., Var, Gard, Vaucluse.

3) *peti-garsõ* — *petit-filyę* hauptsächlich in Mittelfrankreich, Norden: Liège; Somme, Nord; *petio-gāsõ* — *petiot-gās* im Osten; Lothr.: Meuse, Doubs, Jura, Meurthe et Mos.; *péchot-garssou* — *péchota-filya* Pelleautier (H. Alpes); *p(e)ti-ga* — *ptit-fiy* gegen Westen: Morbihan, Ille-et-Villaine, Creuse. — 4) *pti-guyá(t)* — *petit-guyáto* Dordogne, Gironde. — 5) — *-petito-drollo* Gironde (unsicherer). — 6) *(pio geχõ)-piot-basel* Als.-Lorr., Metz. — 7) *ptši-ptšo* — *ptšida-ptšoda* Salange (H. Savoie) m.

c. Sohn + Metapher = Enkel.

1) *arre-hil* — *arre-hilho* Pyrénées (M.) Gers < lat. RE- (vgl. gasc. *arriviere* für *rivière*); *arre-hi* Arrens (B. Pyr.). — 2) *reire-marri* — *reire-marrio* Briançon (H. Alpes) < RETRO, vgl. frz. *arrière-petit-fils*. — Ob die Idee „zurück" (RETRO) — dann wohl entlehnt aus dem Grossvaterverhältnis im Sinn von „rückwärts = aufwärts" gehender Linie — oder ob einfach die Wiederholung (RE-) desselben Verhältnisses — vgl. *figlio del figlio*, eig.: „Wiedersohn" — zu Grunde liegt, muss eine weitergreifende Untersuchung entscheiden.

d. Stiefsohn = Enkel.

fil̄atr, auch *pti-fil̄atr*[1] Cellefrouin (Char. Inf. m. von abbé Rouss.). Diese Vertauschung ist weniger sonderbar, wenn man erfährt, dass PRIVIGNUS dort weder durch *beau-fils* noch durch *fillâtre*, sondern durch *„neveu"*, desgleichen VITRICUS durch *„oncle"* ausgedrückt wird. Durch diese Verschiebung, vgl. Nr. 12, 13, wurde *fillâtre* functionslos und konnte so leichter eine ähnliche verwandtschaftliche Bedeu-

[1] Vgl. *piccol-nevud*. S. 89.

tung annehmen[2]. Ich setze aber einen Sprachzustand voraus, wo 1) *fillâtre* ein veraltetes, nicht mehr ganz verstandenes Wort war, wo 2) das offenbar frz. *petit-fils* noch nicht eingeführt, wo das alte *neveu* = Enkel aber bereits dem Gedächtnis entschwunden war, wenn es überhaupt je lebendig war. Unter diesen Umständen allein scheint es mir möglich, dass die zwei entfernteren, wenig gebrauchten und deshalb nur unbestimmt im Gedächtnis haftenden Verwandtschaftsbegriffe mit einander vertauscht wurden.

ZUSAMMENFASSUNG.

Das Lateinische hat in seinem doppelsinnigen NEPOS eine „verhängnisvolle" Erbschaft hinterlassen. Die hiberischen Idiome allein haben die lat. Hauptbedeutung — mit Ausschluss und Ersatz der andern — beibehalten. Das gallische Sprachgebiet hat die Zweideutigkeit auf die Länge nicht ertragen und durch die ihm eigene adjectivische Zusammensetzung bei Verwandtschaftsbegriffen den dringend nötigen Ersatz geschaffen. Das Ital. und Rum. stehen ihm darin weit zurück und leiden immer noch an der traditionellen Zweideutigkeit. Kaum haben wir nennenswerte Ersatzbildungen im formenreichen Norditalien gefunden. Der eindeutige Enkelausdruck AVIATICUS hat nur wenig Ausbreitung erfahren.

Die Neubildung geschah in analoger Weise wie beim Grossvater: zu Grunde gelegt wurde der nächst untere Verwandtschaftsgrad des Sohnes und dieser wurde durch die bekannten Mittel: Suffixe, bestimmende, oft metaphorische, Beiwörter erweiternd modifiziert.

---

[2] Die Verschiebung von Verwandtschaftsausdrücken sollte im Zusammenhang behandelt werden. S. Schlusstab. B. S. 150.

Nr. 6.

ONKEL UND TANTE.

I. LATEINISCHE TRADITION.

A. EIGENTLICHE TRADITION.

Das Lateinische macht juristisch die Unterscheidung zwischen den Familienangehörigen väterlicher- und mütterlicherseits. 1) PATRUUS-AMITA Bruder und Schwester des Vaters. 2) AVUNCULUS-MATERTERA Bruder und Schwester der Mutter [1]. Sie möchte kaum volkstümlich gewesen sein. Nach dem Verhalten der rom. Sprachen darf man wohl den Rückschluss ziehen, das PATRUUS-MATERTERA mehr juristische Weiterbildungen an PATER-MATER sind zur genauen Feststellung des Verhältnisses.

Die beiden andern sind augenscheinlich familiäre Bildungen: 1) AVUNCULUS ein Dim. zu AVUS „das Grossväterchen" d. h. ein Verwandter, Familienangehöriger, der nicht ganz Grossvater ist, aber für das Kind eine ähnliche Rolle spielt. 2) AMITA, diminutive Erweiterung des kindersprachlichen Stammes AM, vgl. AMARE, sp. *amma* auch MAMMA wie AT-TATA. Vgl. skr. *mâmaka*, Onkel mütterlicherseits. Pictet, *orig. indoeur.* III, 56. Die rom. Sprachen treten also das familiäre, volkstümliche Sprachgut an und lassen die zu juristischer Klarheit erfundenen Ausdrücke liegen; doch sie verhalten sich in der Beibehaltung sehr verschieden:

1) Beide Ausdrücke leben nebeneinander fort: Frankreich, Graubündten. 2) Nur Einer hat sich erhalten:

---

[1] Vgl. Deutsch: *Vetter-Base, Oheim-Muhme*, Deecke 114. PATRUUS ist gleicher Bildung wie *Vetter* < Vater, ebenso *Muhme* (Kluge) verwandt mit Mutter; mit AMITA hat es den kindersprachlichen Character (s. Kluge) gemein. *Oheim* ist mit AVUNCULUS verwandt; so dass nur *Base* abseits steht.

Norditalien, Rumänien. 3) Keiner hat sich erhalten: im übrigen Italien, Spanien. —

a. Beide Ausdrücke erhalten

α. Französiches Gebiet. Mit verschwindenden Ausnahmen über das ganze Gebiet verbreitet; in unveränderter Form aber nur: 1) *oncle-ante* afr. nördlich und westlich, im litterarischen Franz. bis Villon und Le Maire des Belges, ebenso engl. *aunt* und niederdeutsch[1]. In den Mundarten hat es sich länger erhalten, so bis 1711 in Guernesey (Métivier) im rituellen Gebrauch: „présenté(e) au baptême par son *ante*".

2) Im modern franco-prov. Gebiet: *õky-anta*: Séez, St. Foy Tarentaise (Savoie) Agl. III, 94. *(rid-)avú*[2]*-anta* Val d'Aniviers. *lavõ-lanta* Aosta und Soanathal (abbé Rouss.). *ont*[3]*-onte* Poitou vereinzelt. Zur fem. Form, vgl. Nr. 12, *ãdo* = Stiefmutter S. 136. Zahlreicher sind Suffixbildungen im Osten und Süden; noch bedeutender sind die kindersprachlichen Umformungen II, A.

β. Rätisches Gebiet. *auk(aug)-onda* Vorderrh., *amda* obereng., *anda* untereng., Gartner Gr. 38 und 59 unten. So wurden die graubündtischen Thäler der Zufluchtsort für das von *barbà* verdrängte AVUNCULUS und zugleich mit Oberitalien für AMITA. Beiden droht der Untergang durch *zio-zia*. — Daneben hat die Titelgebung an einigen Orten erweiternd gewirkt.

Auch das Albanesische bewahrt beide Ausdrücke: in *unk-ém(e)te* (G. Meyer).

---

[1] *antenquak* ndeutscher Reimspruch, Deeke 1.

[2] Dazu: *avó* Bonneval (Savoie), Rev. d. p. gallorom. I, 177, und Bridel, Suisse romande, scheint auf AVUG'LUM, *avèü*, Bagnes (Wallis, Cornu) auf *AVIOLUM (*enyèü* LINEOLUM), zurückzugehen.

[3] Scheint eine Masc.-Bildung zu *onte* zu sein, die wie afrz. *antin* masc.! pic. (Corblet) angl.-norm. (Canel unter *ante*) zu *antine* Godefroy.

b. Nur einer der Ausdrücke erhalten.

I. AVUNCULUS. 1) *unku* neben *tio-tia* Sardinien Sp. Vgl. *kunku*, S. 96. 2) *avoncle-s-*, ohne mir bekanntes Fem. acatal. und prov. 3) *unchiu-(amatuşa*, slav.) Rumänien [1].

II. AMITA. Ganz Oberitalien kennt Ableitungen aus AMITA; im masc. ist schon früh — spätestens 8. Jahrh. — eine Änderung eingetreten durch *barba*. Hier nur die lautgesetzlichen Bildungen; über die Umformungen II A: *ámeda-áada* tirol.-lad. Mussafia Beitr. 126 und mit Accentwechsel: *méda* [2] lomb. friaul.. vgl. *mea* = alte Frau (Ruzzante). *ámia* venez. *añe* friaul. Agl. I, 511.

Die jetzige Südgrenze des AMITA-Gebietes erstreckt sich (nach meinen Aufzeichnungen) von Frassino (Prov. Cuneo) in gerader Linie nach Venedig; mir belegt sind: Frassino, Cremona, Padua, Mirano, Venedig (wo *zio* überwiegt). Im Westen berührt die Linie das Gebiet von *tante*, im Südwesten das von *lalla*, im Süden das von *zia*. Im Norden dagegen dehnt sich AMITA über die ital. Landesgrenze aus und findet einerseits in den franco-prov., andrerseits in den rät.-lad. Gebirgsthälern einen gesicherten Zufluchtsort. Eine Enclave bilden die obertalienischen Seen; wenigstens wurde mir nie weder *barba* noch AMITA angegeben [in Monti: *meda*, nur allgem. comaskisch]. Der rege Verkehr möchte dort *zio-zia* eingeführt haben. In der tirol. Enclave für *zio* — Umgegend von Trient — dagegen findet sich, in Sulzberg wenigstens, ein *andǫ* < AMITA neben *ziǫ* Tante.

B. UNEIGENTICHE TRADITION.

Der einzige Eingriff, den der lat. Wortschatz auf dem Gebiete der Verwandtschaftsnamen von Aussen her sich hat müssen gefallen lassen, ist *θεῖος-θεία*. Über dessen Ur-

---

[1] Es ist somit nicht ganz wahr, was Körting Wb. unter AVUNCULUS sagt: „die Sprachen, welche AVUNCULUS festhielten, haben auch lat. AMITA bewahrt“.

[2] Daraus wohl: *déda* Erto Gartner Gr. § 2, *dedo* Judic. Ztschr. f. r. Phil. VIII, 221, durch kindersprachliche Lautsubstituirung, vgl. *babette* < *Elisabeth*, *mimmo* < *bim(b)o*, *fẑfę* < *chemin de fer* (Gill.).

bedeutung „der Göttliche“ vgl. besonders Bachofen, Antiquar.-Briefe II, 177, 181. Es muss eine Umwälzung stattgefunden haben — ohne Zweifel durch Vermittlung der höheren Klassen — wie wir sie gegenwärtig auf germanischen Boden: deutsch, dän., schwed., in Bezug auf frz. *oncle-tante* beobachten können. Form (*tiu* sard. *tio* span. und altröm.: Liber yst. Rom. Mon. 127) und Ausdehnung auf Sardinien und Hispanien [Isid.]) (Forc.bürgen für hohes Alter. Vgl. Schlettstadter Glosse: ZIUS, *fetirro*. Folgendes seine Verbreitung:

1) *tiu-tia* Logudoro, neben *unku*. *zio-zia* ist in Sassari importiert. 2) *tio-tia* span.-port. Perpignan m. *unkle-tie* Prades m. 3) —*-tia, sia* prov., Diez Wb. 4) *tio* aröm. *zio-zia* auf der ganzen Halbinsel, ausser im Norden. Doch dringt es gegen *barba* vor und hat bereits in der Form *siu-sia* in Lombardei und Romagna gewaltige Breschen geschlagen, in letzterer ist *zio* häufiger als *barba*, von AMITA keine Spur. Auffällig ist sein legitimes Vorkommen im Südtirol: *vio* Val di Non, Corredo Agl. I, 331 unten (vgl. *pafe* = PACE), als *zio̧* Tante Sulzb., Gartner 30.

II. ROMANISCHE WORTSCHÖPFUNG.

A. IM ANSCHLUSS AN DIE TRADITION.

a. Suffixbildung.

1) -ANEM. *antain* afrz. Norden Godefr., wie *taien*. M.-L. Gr. II, 24. Rom. XXIII, 325. *antin* anglonorm., apicard.; = Grosstante wallon. — *oncles e sians* „oncles et tantes“ in den Fors de Navarre, béarn. *siañ* < THIANEM Labouheyre (Landes). Vgl. Ztschr. f. r. Ph. XVIII, 298. 2) -ANUM. *zianu-ziana*[1] siz. Palermo, calabr.; Basilicata, abruzz.

[1] Über das Verhältnis von Simplex zu Derivatum wurde mir von einem Palermitaner mit Bestimmtheit angegeben man sage: sg. *ziu-zia*, pl. *ziani-ziane*, (vgl. *li ziani* fem. Riv. d. f. rom. I, 119), in der Anrede immer: *ziano-ziana*. — M.-L. Gr. II, 25 sieht in *tsiano* eine Verquickung von *barbanu* und *tsiu*, was mir unnötig scheint.

ziang-ziana P. Armerina. — *siaà* für *siana* béarn. ist gebildet wie ital. *puttana* statt des ältern *puttan* (nach Rom. XXIII, 343, n. 4) so schon im 8. Jh. AMITANA, FILIANA in lucchesischen Urkunden (ib. 340).

3) -INUM. Frankreich. *onclin-antine* afr. Liège. Modern besonders im Osten: *õklẽ [õkyẽ, õkẽ, õkli]* -- *tãtẽ (tãti)* (fem. nach masc.) Lothringen, Séquanie, Vosges, Jura, Doubs. Als.-Lorr. Metz (Lorrain). *õtyẽ-tãt* H. Saône. *tanti* im Westen: Char.-Inf., Dordogne, H.-Vienne, Creuse. *tantine* im Westen: Ille et Villaine, Rev. de ling. XVIII. 388, Morbihan, Anjou, breton. *tantien* Lothringen (Wb. Adam) viell. nach *kiékié*, Vosges. < *õkié*, vgl. b. *tantino* Aydius (B. Pyrénées). — Italien. 1) *amedin* brianz. < *AMITINA. *medina* mail. *midinn* comasc. (Monti). *meden* Cremona (nach Mussafia Beitr. 126). — 2) *sič-siẽne* Bologna, Vergato, vgl *kušẽ*, *tsin-tsina* Modena; *ziín-ziina* Piacenza F.; *(ssío)-ssina* Reggio dagegen *kušeina; tseí-(tséa)* Forli.

4) -ETTUM. *unklett* Aveyron, *õtyé* Orvin, während *õty* Diesse (Bern) — 5) -OTTUM, nur ostfr., meist vollgültiger Ausdruck. *õkyot-tantot* Doubs, Fourgs; *õtšo(onchot)* Belfort; *õklo* Vosges; *onchat* Porrentruy; *tantat* Champagne; *õkya* Meurthe et Moselle. — 6. -ONEM, besonders im Südwesten: 1) *unklũ-* — B. Pyr., Tarn; Puy de Dôme, Aveyron; *oncoun* béarnais., Mistr. *eñcouñ* Labouheyre (Landes); *oncon (encon)* abéarnais. M.; *zión* = Grossonkel mail. Wb.

b. Kindersprachliche Umformung.

a. AM EINFACHEN STAMM (VOCALISCHER ANLAUT).

α. AVUNCULUS. 1) *kunku* < *unku* Sard., vgl. Agl. III, 343, *conco* Mallorca; 2) *künku* Champsaur (H. Alp.), *councou* Dauphiné M., vgl. Behrens Ztschr. f. r. Ph. XIII, 412; 3) **tõt-(tãt)* Zwischenstadium zu *tõtõ* S. 99.

β. AMITA. 1) *tante* ist gallo-romanisch. Der älteste indirecte Beleg ist: *tanda*[1] Faeto m. (fr.-prov. Colonie aus

[1] Wenn meine Erklärung, S. 97 ff., richtig ist, so muss Doppelsetzung von AM(I)TA, also ein gallo-roman. *TAM(I)TA neben AM(I)TA angenommen werden.

dem 13. Jh.), *tanta*, Osten: franco-prov., *tanto*, Südosten, *tonto*, Süden (Mitte) *tot* Südwesten, vgl. *jo* = GENTES. Dazu die denasalisirten Formen: *tata (matata) tota* im ganzen Süden, meist sehr familiär; in Gironde, Aude, Garonne; in Aosta gewöhnliches Wort.

Die auffallende Vorsetzung des *t* hat mehrere Erklärungen gefunden (s. K.). Zwei davon haben Anspruch auf Wahrscheinlichkeit. 1) Syntactische Verwachsung des Poss. Pron., also *ta ante*, *t'ante*, *tante* wie *ma mie*. So Gilliéron u. a. 2) Kindersprachliche Verdopplung *ãt* [resp. AMITA] — **ãtãt* — *tãt* mit Apocope des Anlauts. Ascoli, Canello, G. Paris. Beide Bildungsweisen sind möglich und kommen thatsächlich *mutatis mutandis* auch am Masc. vor, vgl. S. 96 und *monõk*. Auffällig ist bei 1) die Verwendung der II. Person, während die gerade hier häufigen Beispiele von Verwachsungen (S. 101) stets die I. Person aufweisen. Es wird — ohne besondere statistische Beobachtungen — kaum auszumachen sein, welche Verbindung — I. oder II. Pers. — mit *ante* in der Rede die häufigere sei, so dass uns von vorne herein weder das eine noch das andere wahrscheinlicher erscheint. Wir sind somit einzig und allein auf das thatsächlich Vorgekommene angewiesen und können nur an Hand analoger Bildungen die Frage entscheiden. Und da scheinen die Thatsachen gegen *ta ante* zu sprechen. Wo immer ein Pron. mit einem Verwandtschaftswort sich verbunden hat, ist es das der I. Pers. gewesen und zwar ist diese Erscheinung, erstens nicht eine einmalige und isolirte, da sie selbstständig an verschiedenen Orten auftritt, und zweitens ist sie nicht nur Frankreich eigen, sondern findet sich — am selben Wort — auch in Oberitalien; sie darf also, wenn nicht gemeinsprachlich, so doch gemeinromanisch genannt werden, vgl. Schlusstab. A. Der Umstand, dass man an verschiedenen Wörtern — *ante, tante, oncle, amie,* — in verschiedenen Gegenden (wall., pic., lothr.) und Sprachen, (frz. it.)

[1] Zur Tilgung des Nasallautes mag die Abneigung des Südfr. gegen diese ndfr. Eigentümlichkeit ebensoviel beigetragen haben wie die Tendenz der Kindersprache diesen Laut zu beseitigen: vgl. *bobon bonbon*, *moté monter*, *ata entendre*, *daté danser*, *nonon oignon.*

die I. Pers. angehängt hat, scheint mir darauf hinzudeuten, dass *ma ante* resp. *ma agna*, eine häufigere Redeverbindung war als *ta ante*, und somit dem jugendlichen Gedächtnis sich fester einprägt und leichter als die „richtige" Form erscheinen kann. Auf Grund dieses Rückschlusses scheint mir die Erklärung *ta ante* unwahrscheinlich und ich stehe nicht an die zweite kindersprachliche Erklärung, als im bessern Einklang mit beobachteten Thatsachen stehend, zu adoptieren. Sie bedarf der Erläuterung: was einigermassen befremdet, ist die Art wie die Verdopplung thätig gewesen ist beim Übergang von *ante* zu *tante*. Sehr einfach gestaltet sich die Wiederholung bei consonantischem Anlaut: *pepère, fifi* < *fille, tãtã* < *tãt.* Unsicherer — aus Mangel an Beispielen — steht es bei vocalischem Anlaut der zu wiederholenden Tonsilbe. Immerhin stimmen die wenigen Fälle dieser Art darin überein, dass hier nur der dem Tonvocal folgende Consonant wiederholt, d. h. an die Spitze gestellt wird und im Weitern das Wort von der betonten Silbe an intact gelassen wird, wodurch — zum grossen Unterschied der vorhergehenden Gruppe — das neue Wort stets dieselbe Silbenzahl behält wie das Grundwort: Beispiele: *vavo* < *avo, jaju* < *aju, kunku* < *unku* und *tante* < *ante*, oder *Gigi* < *Luigi*, wo die betonte Silbe nicht am Anfang steht, demnach: *ante* über *ãtãt* zu *tãt.*

2) *n-nana*[1] Veltlin, Forni Avoltri (Udine), vgl. *la menana*, S. 101. *nagna* Friaul (nach Ferraro). *n-ena*[1], *negna* Oviglio (Alessandria, Wb. Ferraro) Trino, Gislarenga (Novara). *nẹne* Auronzo, Gartner Gr. § 2, gehören wohl hierher. — 3) *nyanya (gnegna)* friaul. Wb. — 4) *yaya*[2] *(yeya)* Münsterthal, Gartner Gr. § 29, Vittorio, Ceneda, Miane (Treviso), Belluno m. *yia*[2] Kompatsch (Untereng.)

---

[1] Die localen Lautgesetze haben zu entscheiden, ob AMITA über *aña* oder *anda* zu *ana, ena* werden konnte oder ob überhaupt der kindersprachliche Stamm NANNA, S. 106, 69, vorliegt.

[2] Nach Gartner Gr., 38, sind dies andere Wörter. Kann nicht *aña* zu *aya* (vgl. *Batiǰol* = *Batignolles*) und *yaya*, durch Contraction *yia* geworden sein? oder liegt AVIA vor?

γ. THIUS. 1) *titio*- — port.; 2) *zizio-zizia* neapol.; *zezie* Ortanova (Foggia) [*zezi* Teramo = alter Mann]; *zizì-zizì* siz. Traina, < *zì* proclit. Form.

a₂. AM ERWEITERTEN STAMM.

Der überlieferte Stamm kann auf dreierlei Arten erweitert werden:

a. Mit Suffixen erweitert. Darin zeigen ostfrz. Dialecte einen bemerkenswerten Reichthum: 1) *kĕkĕ*, regelmässig aus *ŏkĕ*, Vosges, Savoie; merkwürdigerweise auch im prov. Castanet (Aveyron) m., *inquin* Badménil (Vosges), verhält sich offenbar zu *kĕkĕ* wie *ŏk* zu *kŏk*, wie *ăt* zu *tăt*. Dazu wiederum ein Simplex nach dem Muster von *ŏke-ŏk*: *kĕk-(tăt)* in Albertville (Savoie) vollgültiger Ausdruck. *quenque* Rouergue M. bestätigt prov. *kĕkĕ*, s. oben. *kĕkle* (*kŏky*) Le Noyer (Savoie, Gill.) nach *ŏkl, ŏky*. Dieses neue Grundwort kann einerseits Suffixe annehmen wie das alte; so: *kĕké*, *tyĕtyé*, *quinquet* (Wb.) Savoie. Eben dieses Dim.-Suffix scheint aus *unqué* (Alp. Maritimes m.) zu *kéké* verdoppelt zu sein; Lozère, Corrèze als eigentl. Ausdruck. *quiéquié* < *onquié* Vosges, ebenfalls in der Sprache der Erwachsenen, ist durchsichtiger, darnach gebildet scheint das fem. *tantie*, ebendaselbst. — 2) *tŏtŏ* bei Erklärung aus *oncon*, s. folg. — 3) *luluṅ* M. Rhône, Bollène (Vaucluse m.), *loulou* Tarentaise, wohl aus < *unklun*.

β. Kindersprachlich erweitert (zum zweiten Mal). 1) *tŏtŏ* Kinderwort in ganz West- und Südfrankreich. *tuṅtuṅ* (*tutu*) gegen Süden hin. *tutu* in St. Foi (Gironde), Périgord (Dord.). Verdun (Tarn et Gar.) von Erwachsenen. Ebenso: *kukú* Melles St.-Béat (H. Garonne), ohne Lautsubstitution. *tuntuno*, Tante, Rodez (Aveyron) m. und *tuntune* Champsaur (H. Alp.), zeigen die Lebenskräftigkeit dieses halben Kinderwortes.

Es scheint mir ausser Zweifel, dass wir es in *tŏtŏ* mit einer regelmässigen kindersprachlichen Umformung von *oncle* oder **onclon* zu thun haben. Im ersten Fall wurde *oncle* gerade so behandelt wie *ante*, wobei das nachklingende *l* absorbirt wird. Vgl. *tété* < *clef*, *ŏk* zu **kŏk* wie *unku* zu *kunku.* Durch Substituirung des Palat. durch den leichteren Dental — frühere Phase der Kindersprache! vgl. *tœtœ* < *cœur*, *tata* < *canne*, *tété* < *clef* — entsteht **tõt* und dieses zum zweiten Mal von der Reduplication ergriffen ergiebt, wie *nõk-nonõ*, *tãt-tãtã*, unser *tõtõ*. Will man die zweimalige Wiederholung umgehen, so kann man mit ebensoviel Wahrscheinlichkeit von zwar schwach belegten [béarn. *oncou* M. ohne Accentangabe] aber durchaus sprachgerechten **õk(l)õ* ausgehen; das zu **kõkõ-tõtõ* wird wie *ãfã* zu *fãfã*.

2) *tãtã*, Pedant zu *tõtõ*, doch werden sie nicht nebeneinander gebraucht. *tãtã* gehört ausschliesslich dem Norden und Osten Frankreichs an. Im Süden nur ausnahmsweise; es ist meist nur Kinderwort, der familiären Sprache ist es eigen in Yonne, Jura, in Lothr., wo sogar eigentlicher Ausdruck. Nebenformen sind: *õk-tãtãt* im Norden (Lorrain), Übergangsform. *nonõ-tatãt* Meuse; *tata* H. Marne; *tato* Sédan (wallon.); *nonõ-tatã*: Osten: Meuse, Vosges, Dauph., Savoie, Drôme, Isère; Westen: norm., bessin.; Saintonge. *tintan* lothring. (Adam); *tã* Aube wie *mã* neben *mamã*; *tãtõ* Côte d'or, wohl nach *tõtõ*.

γ. Der Stamm ist syntactisch erweitert. 1) *nõnõk* < *monõk* (s. d.) Côte d'or; *nonõk* Vosges, Metz, in Ille et Villaine = Grossonkel; 2) *nonõ* sehr verbreitet im Osten: Vosg., Meuse, Ardennes, Dauph. M., Als.-Lorr. (einziger Ausdruck); [bei Diez Wb. zu *nonno* gerechnet]; *nunun* B. Pyrénées. *mounoune* gasc. M. ist mir unklar, wohl = *meñunye* s. unten d 3; in *mnonõ*, lothr. ist das Pron. zum zweiten Mal angehängt. — 3) *nanna(n)* norm. Morvan (De Chambure) verhält sich wahrscheinsich zu *nante*, S. 101, wie *tatã*, *tata* zu *tante*, wie *nonõ* zu *nõk*. Da sich aber die Belege für *nanna(n)* und *nante* territorial nicht decken, so darf auch an Urschöpfung, S. 106, gedacht werden.

c. Abkürzung.

1) *oncle* ist jedenfalls neben *avõ*, *avoncle* eine verkürzte Form; nach Diez Wb. ist Ausfall des *v* anzunehmen. — 2) *medina* für *amedina*, vgl. S. 96, kann auch falsche Ab-

trennung wie *taie* für **ataie* sein. 3) *zu* und *zi* für *ziu* siz. Wb. vortonige Form: z. B. *zu Filippo.*

d. Verwachsung.

I. Verwachsung mit der I. Pers. des Poss. Pron. ist vornehmlich Nord- und Ostfrankreich — gelegentlich auch im Süden — und Oberitalien eigen. 1) *monõkmatãt* (Beweis: *sin mononque* und *la s'matante*) wallon., rouchi, (Hécart). *gran-mononk* Lille = Grossonkel. — 2) *nõkl, nonk* — *nante* (z. B. *s'nante*) Mons, rouchi, pic. (Corblet); *nante* muss aus einer Zeit stammen, wo *m'ante* bereits durch *monante* ersetzt wurde[1]. — 3) *meñunye* Bayonne, vgl. *uṅgj* Faeto Agl. XII 44, *uñę* m. *mounoune* gasc. M. — Die oberital. Mundarten beschränken sich auf AMITA: 4) *magna*[2] Piemont von Aosta bis Montferrat, vgl. *muen* fr.-prov. aus *meo homo* Agl. XII, 66. *magna zia* Piem. Grosstante; *mígna* Oleggio (Novara), wohl Nebenform; *minyáda* Borgo Ticino (Nov.), es scheint zweimalige Setzung des Pron. vorzuliegen; *gnegna, gnagna* Castelferro (Ferraro) venez.; *nyánya* Ampezzo, Gartner Gr. § 68. *gnegna* friaul. Wb., vgl. S. 72, *nyo nono* = *mio nonno*; *(la)me-nána* Veltlin, Berbenno (Monti), Forni Avoltro (Udine).

II. Verwachsung mit dem Artikel ist beschränkt auf Oberitalien. Vgl. schweiz. *Drätti.* 1) *lavõ(k), laõ-lanta* Aostathal (abbé Rouss.). Daneben hat sich frz. *oncle* eingebürgert, aber mit veränderter Bedeutung: *oncle* heisst nur derjenige Onkel, der zugleich Priester ist. Vgl. folg. Abschnitt. — 2) *lamada* Como, *landa (lendo)* comasc. (Monti). 3) *rámeda* (Art. *la* = *ra*) Oberfassa. lad. Agl. I, 381.

e. Composition

Einen Gegensatz zu den besprochenen morphologischen Veränderungen des ererbten Wortschatzes, welche die ver-

---

[1] Wie Canello Agl. III, 341, auf dem Wege kindersprachlicher Reduplication von *ante* zu *nante* gelangt, begreife ich nicht.

[2] Trotz lat. AMITA MAGNA Grosstante ist angesichts der übrigen oberit. Formen (Mussafia Beitr. 126) an MAGNA nicht zu denken.

trauliche Umgangssprache geschaffen hat, bildet die Hinzufügung eines ehrenden Titels, der dem Verwandtschaftsausdruck eine gewisse Würde verleiht und andrerseits einen geringern Grad von Vertraulichkeit voraussetzen lässt. Diese titelhafte Erweiterung beschränkt sich im Wesentlichen auf das Rätische[1].

1) *sarbarba-dunanda* Vicosoprano[2], wo das Fem. jedoch nur von einer verheirateten Tante gebraucht wird (Morf.). Bühler kennt nur das Fem. für Bergell und Puschlav. — 2) *so ámia*[3] Telve in Valsugana. Über *sarbarba* S. 106.

Onkel + Titel = Pfarrer. Während im Bergell die eben besprochene Verbindung eines Verwandtschaftswortes mit einem Titel rein verwandtschaftliche Bedeutung beibehielt wie *messiavo* u. a., hat sie im Rheinthal eine geistliche Function übernommen. Das Fem. ist dabei ausgeschlossen. Das *donanda* entsprechende Masc. ist für das von *auk* beherrschte Rheingebiet *surauk*; so in Waltensburg *sǫrauk*, als Anrede an den Geistlichen, entsprechend *surbarba* bei den Valdensern (Morf), in rein verwandschaftlichem Sinn von Onkel ist mir *surauk* unbekannt. — Etwas anders verhält es sich mit dem ebenfalls oberländ. *aukseñer*, das seine Grundbedeutung „Onkel" bewahrt hat — z. B. in Brigels und Flims, wo es im Sinn von „Onkel seelig", vgl. *bap señer*, S. 72, gebraucht wird. Sodann ist die Verwendung als Titel für den katho-

[1] Ähnliches im Neubengolischen: *tšęta mãšai*, älterer Bruder des Vaters, *piše mãšai* Mann der Schwester des Vaters, *mešo mãšai* M. der Schw. der Mutter, worin *mãšai* = Herr, während *kaka* jüngerer Bruder des Vaters und *mama* Bruder der Mutter Kinderwörter sind.

[2] Ein mir von Prof. Morf freundlichst copiertes, handschriftl. Hochzeitsgedicht des Herrn Tom. G. Maurizio von Vicosoprano (Bergell) beginnt: „Spus e spusa, bap e mama, — Frer, *sarbaba* e *dunanda*, — Sor, tgünada e cumpagna, — Ei *cusin*, *suvrin*, *nevudi*, (Vetter II. Grades, S. 110) — Cun cumper, cumer, tuttur, er — E *guidaz* (Pate), fioc (= *fi'lš*) e dgengi (Namensvetter) — Nozzarin, amic, collega — Tütt la gent da Visavran. . . ."

[3] *so* entweder aus *sora* = *signora* oder aus SENIOREM, S. 80, zusammengezogen oder enclitische Form von *sor* Schwester (s. S. 103 *mammatãt* Bruxelles); in letzterem Fall würde es wohl ursprünglich nur diejenige Tante bezeichnen, die zugleich auch Klosterschwester ist.

lischen Geistlichen, auch im Munde Nicht-Verwandter über das ganze Rheingebiet mit Ausschluss der protestantischen Dörfer verbreitet. So weit die Thatsachen. Wie kommt der Onkelausdruck mit oder ohne Titel, *surauk*, *surbarba*, *auk señer; oncle* Aosta, S. 101; *babái* sard., S. 106, zur (ausschliesslichen) Bezeichnung des Geistlichen? Offenbar vom häufig vorkommenden Fall, wo der Onkel Geistlicher war, wo also der Verwandtenkreis die Verpflichtung hatte in ihm auch den Geistlichen zu ehren, ihn vom gewöhnlichen „*auk*" zu unterscheiden. Dies geschah durch den vor- oder nachgestellten Titel SENIOR, so entstanden *surauk* und *auk señer*; ersteres wurde wohl nur in der Anrede gebraucht, wie in Medels (Morf) die Mutter ihren geistlichen Sohn mit *surfęl*, die Schwester ihren geistlichen Bruder mit *surfrá* anredet, während *aukseñer* anfänglich wohl nur bei Qualification eines Dritten üblich war. Dieser Gebrauch im Verwandtenkreis wurde von nahen und ferner stehenden Bekannten adoptirt und hat sich schliesslich überhaupt im betreffenden Dorf dauernde Geltung verschafft.

3) Es seien noch einige Nebeneinander von Verwandtschaftsnamen erwähnt: *ōk-mammatāt* Bruxelles. *ziu barba-magna zia* Piemont, *ziu bà* Oleggio (Novara), Übergangsform, vgl. „Lindwurm". *zio nonno-zia nonna* schriftital. = Grossonkel, wo *nonno* den höheren Grad angiebt.

B. OHNE ANSCHLUSS AN DIE TRADITION.

a. Onkel = Titel.

barba heisst in Oberitalien Onkel. Seine Heimat näher zu bestimmen, war mir nicht möglich[1]. Das Wort hat AVUNCULUS beinahe gänzlich aus Oberitalien vertrieben, während AMITA — wofür keine Spur ähnlichen Ersatzes — verblieben ist. *barba* wird nun seinerseits von *zio* überwuchert, mit dem es in älterer Zeit vergeblich concurrierte. Den ältesten Beleg giebt uns die Lex Longobardica (Diez Wb.)

[1] *barbe-oncle* ist bis jetzt afr. nicht belegt, obschon von Diez angenommen, vgl. Rom. XXIII, 336 n 1.

aus dem Jahre 728 [wo bereits in einer Ableitung BARBANI]. Sodann kennt es die altital. Litteratur aus dem Norden, auch Ruzzante (16. Jh.). Wenig hätte gefehlt und es wäre der ital. Litteratursprache einverleibt worden, wurde es doch von Dante, Par. XIX, 136, Sacchetti, sogar noch im 16. Jh. von il Casa und Muggello verwendet (Petr.). Heute ist es zwar auf den mundartlichen Gebrauch beschränkt; seine Ausdehnung ist aber da die grösste von allen ital. nicht schriftsprachlichen Verwandtschaftswörtern. Das ganze Gebiet von *messer*, in Nr. 4 und 9, in sich schliessend, greift *barba* beträchtlich über dasselbe hinaus: im Westen bis St. Martin (Alp. Mar.), im Süden: bis Mentone, Genua, Spezia, Bologna, Ferrara. Ebenso erstreckt sich *barba* im Norden bis tief ins Rätische: Bergell, Eng. (Bühler) und im Tessin bis Chironico. Merkwürdigerweise hat es sogar die romanischen Sprachgrenzen überschritten, indem es 1) sich in Illyrien (Fiume) eingebürgert hat und 2) der heutigen Volkssprache der Griechen, dem „romaico" eigen ist (vgl. andere ital. Fremdwörter z. B. *locanda, scala calzes, ombrella*), während die Sprache der Gebildeten dem altgr. θεῖος treu geblieben ist. So hat Italien mit *barba* seinem griech. Nachbarlande das wieder zurückgegeben, was es einst mit THIUS von ihm empfangen!

Über den Ursprung des Wortes ist mir nichts Sicheres bekannt. Ohne Zweifel ist es mit *barba* = Bart identisch und scheint ursprünglich einen älteren Mann nach seinem in die Augen springenden Merkmal zu bezeichnen[1] (vgl. Graubart, Rotbart, rum. *bărbăt* = Mann). So möchte es anfangs von kleinen Kindern für alle im Hause verkehrenden bärtigen Männer — wie Verwandte, Freunde, Nachbarn, — mit Ausschluss des Vaters gebraucht worden sein und hätte sich dann, wie *messer* auf Grossvater und Schwiegervater — aus uns ebenfalls unbekannten Ursachen — auf Onkel, gelegentlich auf Grossvater, beschränkt. Mehrere Angaben stimmen ferner darin überein, dass *barba* ein eigentlicher Titel wie

[1] So in der Chioggia (Boerio) = *uomo di qualche età, benchè non sia parente.*

messer, *madonna* gewesen ist[1]. Eine secundäre Bedeutungserweiterung scheint vorzuliegen, wenn *barba* im berg. (Tirab.) bei vertraulicher Anrede im Sinne von *compare*, Trauter (vgl. unter Onkel, Vetter) verwendet wird und erst daraus scheint sich eine zweite Bedeutungsverengerung herausgebildet zu haben in *barba* = *oste*, Wirt, im Lomb., Crema, Brescia, Wb. Mail., vgl. Schwager = Postillon, Göthe: „Schwager Kronos". Eine befriedigende Erklärung sowohl des Ausdrucks an sich als dessen verwandtschaftlicher Beschränkung auf den Onkel wäre durch Vermittlung eines geistlichen Titels denkbar. Es müsste irgendwo in Oberitalien nachgewiesen werden, dass die Geistlichen, vielleicht ein bestimmter Orden oder Brüderschaft sich durch das Stehenlassen des Bartes von andern auszeichneten (vgl. *tosa* in demselben Gebiet!) und dass ihnen deshalb im Volksmund der Titel *barba* zukam. Von da zur verwandtschaftlichen Verwendung ist nur ein kurzer Schritt. Vgl. das Umgekehrte in *surauk*, u. a. S. 102. — Das roman. *barba* erleidet entsprechende Veränderungen wie die lat. Erbwörter:

Suffixerweiterung. 1) *barbano* ist alomb. (amail.) und avenez. schon in einer lat. Urkunde aus d. J. 859 als BARBANE nom.; heute nur noch venez.: Padua, Chioggia und emil.: Parma, Mantua. Es verhält sich zu *barba* wie *atano* zu *(t)ata* und gehört mit *ziano* zu den drei einzigen männlichen Verwandtschaftswörter, die mit dem vielumstrittenen spätlat. weiblichen Personal-Suffix -ANE[2] weitergebildet scheinen, s. Rom. XXIII, 336, n. 1. 2) *barbêt* neben *barba grand* Piemont Wb. = Grossonkel, nur scherzweise.

Kürzung. 2) *bẹ̄ra* von *barba* ist (nach Gartner, s. unten, n. 1) „lautlich vereinfacht, weil in dem Höflichkeitswort der

[1] Gartner Gr. im Nachtrag 1883 bezeichnet es als *Höflichkeitswort*. G. Paris Rom. XXIII, 336 n. 1, nimmt als Übergangsbedeutung die von „*homme vénérable*" an. Mistral, *barbo: titre de respect* qu'on donne à un ancien du peuple etc. Monti für Puschlav: *titolo di rispetto* con che i minori parlano a maggiori. Alton lad. Id., *bèrba* ist überhaupt ein *Ehrentitel* für ältere Personen.

[2] Die älteste lat. Form ist BARBANE, BARBANES, doch schon lucchesische Urkunden des 8. Jh. geben *barbano*, Rom. XXIII, 340.

Begriff „Oheim“ verdunkelt ward“. 2) *baba* Piemont (Sant'Alb.) dicesi per lo più da' *fanciulli* ancora *balbuzienti*; venez. (Boerio) voce de' *fanciulli* in vece di barba. 3) *ziu-bà* wo *zio* zum wohl etwas unverständlichen *bà* erklärend hinzutritt, Oleggio (Novara).

Zusammensetzung. *sarbarba-donnanda* Vicosoprano, S. 102, n. 1. *barba* muss seinen titelhaften Ursprung ganz abgestreift haben, um von neuem mit einem Titel bedacht zu werden.

b. Kindersprachliche Urschöpfung.

NANNA. *nanna(n)* = Tante, norm., und Morvan, vgl. S. 98 und 101, ist wahrscheinlich doch im Anschluss an *nante* entstanden. 2) LALLA. *barba-lalla* [1] an der ganzen genuesischen Küste: Porto Maur. Triora bis über Spezia; *lala* Genua, Agl. XII, 101. *lella* Acqui, heisst auch Amme im Monferrat (Ferraro) wie *nonna* lat. NUTRIX. 3) *babài* sard., neben *tio* sp. als Kinderwort [2]. Doch ist sein Gebrauch nicht ausschliesslich verwandtschaftlich, es bezeichnet auch irgend einen andern Herrn, den Geistlichen z. B., auch heisst es Eltern und schliesst sich so an *babbo* an. Über die Form S. 74.

c. Entlehnung aus fremden Sprachen.

α. Aus dem Deutchen. Im Gegensatz zur Verbreitung, welche die franz. Ausdrücke auf germanischem Boden gefunden haben, hat die romanische Sprache sozusagen nichts aufzuweisen. *tat-tata* um den Comersee herum: Laino m., Intelvi m., wahrscheinlich = rät.-deutschem *tat* Grossvater. Zur Verschiebung vgl. *barba*, AVUNCULUS, *toto* (= *tõtõ* Savoie) = Grossvater.

β. Aus dem Griechischen. Ausser THIUS-THIA, S. 94, finde ich nur *lellé* = *zio* Cardeto, Bova. Agl. IV, 70.

---

[1] Zu erwägen ist immerhin, ob *lalla* nicht auf ANULA — *anla* — *alla* — *lalla* oder gerade zu auf AMITA zurückzuführen ist.

[2] Zur Illustrierung diene folg. sard. Sprichwort: „*non perit mai qui hat uni Babbai*“ das Bezug hat auf die Neffen der Priester (Spano).

γ. Aus dem Slavischen. *mosč-(a)matuşa* neben *unchiu* rum. Moldau, während dasselbe Wort in der Walachei Grossvater bedeutet (nach Dr. Minkwitz), vgl. AVUNCULUS. 2) *(barba)-tiata* Insel Veglia < slav. *teta*, vgl. *niar* = *nero*.

C. UNBEKANNTES.

1) *mima* (Bühler) neben *yaya* im Münsterthal. Gartner Gr. 38. — *ridavú-ridāta* Grossonkel, -tante, Aniviers (Wallis); in dem rätselhaften *rid* vermutet J. Gill. *roide*, *raide*, masc. afr. *rois*, das als *ris* im Sinn von „crevé" fortlebt, die Bedeutungsentwicklung wäre: „starr", „tot" „gewesen", dann „vormalig", vgl. Vorfahren; RETRO sei unmöglich. 3) afr. *amiste* = *tante* (nach Métivier unter *ante*, nicht bei Godefroy), sollte es vielleicht irrtümlich für AMITA stehen?

ZUSAMMENFASSUNG.

Wir haben das reichlich vorliegende Wortmaterial ohne chronologische noch geographische Rücksichten nach der Entstehungsweise zu ordnen versucht. Es war uns wiederum möglich drei Hauptklassen zu unterscheiden: 1) Festhalten am überkommenen Sprachgut: I A und B. 2) Umformung desselben: II A. 3) Gänzliches Aufgeben und Ersetzen durch Neubildungen: II B. Diese Unterscheidung entspricht keineswegs dem geschichtlichen Gang der Dinge, auch der geographischen Verteilung wird damit nur unvollkommen Genüge geleistet. Nirgends finden sich die drei Fälle in historischer Reihenfolge vor. Denn wo der lat. Ausdruck Boden gefasst hatte, blieb er und wurde höchstens umgeformt: Frankreich, Oberitalien (AMITA); wo hingegen ein neuer Ausdruck sich einbürgerte, verdrängte er den alten, bevor dieser — meines Wissens — zu wesentlichen Umformungen herangewachsen war: Oberitalien: *barba*, *lalla*. — Auf kleines Gebiet vereinigt, finden sich allerdings die drei Bildungsweisen: Sardinien, teilweise Rumänien. Doch stellen uns eben *unku*, *kunku*, *tio* und *unchiu*, *mosč*, nicht ein historisches, sondern nur geographisches Nebeneinander dar, bieten uns somit nichts anderes als dasselbe Schauspiel im Kleinen, das soeben im Grossen, im gesammten romanischen Sprachgebiet, an unseren Augen vorübergezogen ist. — Besonders eindrücklich war uns hier die allgemeine historische Wahrnehmung, dass jeder Ausdruck, welcher Herkunft er auch sei, die Tendenz hat umgeformt zu werden: so *ante* zu *tante*, *magna*, *oncle* zu *nonon*, *zio* zu *zizio*, *barba* zu *barbano*. —

Im Gegensatz zu allen andern Verwandtschaftsbegriffen, steht die Geschichte von Onkel und Tante durch die auffallend unsymmetrische Behandlung der beiden Geschlechter. Die Ungleichheit beginnt schon im lat. Wortschatz: AVUNCULUS und AMITA stehen nur in Bezug auf die Suffixbildung auf derselben Stufe: ihre Stämme dagegen sind verschiedenen Gebieten des Sprachlebens entlehnt. Nebeneinander und ohne Umformung haben sich beide nur in wenigen Gebirgsgegenden erhalten (fr.-prov., rrom.). Entsprechend und wohl auch gleichzeitig ist die Erweiterung nur in *monŏk-matante*. Sonst ging die Umformung überall völlig ungleichzeitig und ungleichmässig, bald nur am einen, bald nur am andern Ausdruck vor sich, ohne dass ein Grund abzusehen wäre: so: *oncle-tante*, *nonon*, *kĕkĕ*, *tŏtŏ-tante*, *tătă-oncle* etc., keine der kindersprachlichen Bildungen aus *oncle* findet Aufnahme in die Schriftsprache, so dass das eigentümliche Nebeneinander: *oncle-tante* bestehen bleibt. Bei den Neuschöpfungen ist derselbe Unparallelismus zu beobachten: *barba*, *zio*-AMITA, *barba-lalla*. — Gegenüber dieser auffallenden Zusammenhangslosigkeit zwischen Masc. und Fem. steht das einheitliche — aber entlehnte — THIUS-THIA. Die Analogiebildung, die sonst überall bei ursprünglicher Stammverschiedenheit ausgleichend wirkte, ist hier äusserst selten: sicher ist nur: *tuntuno* zu *tuntun*.

Woran mag diese unsymmetrische Entwicklung, dieser Mangel an gegenseitiger Abhängigkeit, an Reciprocität liegen? Abgesehen von der äusseren Veranlassung im Latein scheint mir der Grund in der Natur unseres Begriffes selbst zu stecken. Das gegenseitige Verhältnis von Onkel und Tante ist nicht das gleiche, wie bei Vater und Mutter, Grossvater und Grossmutter. Onkel und Tante müssen dem Kind —

und von seinem Vorstellungsvermögen haben wir auszugehen — nicht in dem Masse, wie bei den oben genannten Verwandtschaftsbegriffen, als etwas Zusammengehöriges, Unzertrennliches, gewissermassen Einnamiges erscheinen. In wie vielen Fällen kennt es nur den einen Teil unseres Doppelbegriffes oder lernt beide als etwas thatsächlich Unzusammenhängendes kennen! So kann es sich leicht einen Onkel ohne Tante, und die Tante ohne den Onkel vorstellen, was bei Vater und Mutter fast nie, bei Grossvater und Grossmutter nicht häufig der Fall sein wird.

Nr. 7.

NEFFE UND NICHTE.

I. LATEINISCHE TRADITION.

A. EIGENTLICHE TRADITION.

Der lat. Stamm NEPOT ist in unserem Sinn — mit Ausnahme der spanischen Halbinsel — über das ganze rom. Gebiet verbreitet und hat sich, im Gegensatz zu seinem Namensvetter NEPOS = Enkel, nirgends verdrängen lassen, wo er sich einmal festgesetzt hatte. Zur Geschichte von Laut und Bedeutung vgl. Nr. 5 A, S. 86.

a. Masculinum.

α. NEPOS. Der Nom. ist fast überall nur der ältern Spachperiode und nur dem Masc. eigen, wohl meist neben dem c. obl. 1) *nievo*[1] aital., altvenez. (St. Brendano XXXVIII); Morgante, Crusca (Petr.) *nevo* altvenez. Fra Paolino. —

[1] Tosc. wäre **niepo* zu erwarten. Die Erweichung könnte aus dem Norden (venez.) herstammen oder durch Proklise entstanden sein. Auch ist ein verschwundenes **nevote* < NEPOTEM denkbar, zu dem ein entsprechender Nom. gebildet wurde. *nipote* ist dann gelehrte Rückbildung vgl. *fratello* obit. *fradel*, *patrigno*, *patrino*.

2) *nep-s* aprov. — 3) *nes* (c. o. *nevou*) afranco-prov., dauph. 13. Jh. (Devaux). — 4) *nies* (c. o. *neveu*) afr. Godefr. — Bis heute erhalten in: 5) *nefs-niazza* rrom. surselv. Carigiet. Agl. I, 64, *neif-netsa* Bergell (Morf). *niev* gallo-ital. Colonie auf Sizilien. — 6) *neb-nesso* Mentone, Corr. und Agl. XII, 100. — 7) *nip* alban.

β. NEPOTEM. Der c. obl. hat fast überall den Sieg davon getragen. *nipote-nipote* ital. sard.; NEPOTE-*NEPOTA Oberitalien, Südfrankreich, Balearen, franco-prov., rum. Ausnahmsweise *nevudi* Vicosoprano. S. 102, n 1. *neveu-nièce* mittel- und nordfrz. — Nur der c. obl. ist mir bekannt auf Sardinien (*nebode-nebode*) und in Rumänien (*nepot-nepoată*).

b. Femininum.

α. NEPTIS Georges: Spart. Hadr. 5 § 3, sonst meist fratris, sororis filia) hat sich nur in NEPTA-NEPTIA erhalten.

β. NEPOTEM im Osten. Gleichsetzung von masc. und fem. zeigen Mittel- und Süditalien. *nipotema* neap. Basilicata. *nebode* sard. (Log. Mer.) Spano. *niputi* siz.

γ. NEPTA (im Westen mit Bedeutungseinschränkung.) 1) *nipota-nepta* Sard. (Set.) Spano; *nepaut-niapta* Veglia; *neps(nebot)-nepta* aprov. P. Vidal. (Raynouard). — *niepita* calabr., K. Wb., habe ich sonst nirgends gefunden.

δ. NEPTIA[1], im Norden: Oberitalien und Frankreich. NEPTIA scheint über das ganze nördliche rom. Gebiet verbreitet gewesen zu sein. Ältere Periode: *nezza* avenez. Agl. III, 381; *netsa-nessa* aprov. *neci* adauph. (abbé Devaux). *nièce*[2] afr. Moderne Formen; *nezza-niazza* rrom. (rät. und lad. Alton), *gnèzze* Friaul (Scala). *nezza* venez. Padua. *nesso* fr.-prov. *neveu-nièce* nordfr., als „*niesso*“ im Süden importiert. Mit Ausnahme des prov. Gebietes — das von der

---

[1] Die Form ist inschriftlich belegt ALL. IV, 131, s. auch Gröber Etym. 13. Der Bildung nach ist es endungsbetontes NEPTÍ, NEPOTÍ nach der fem. A-Declination umgebogen, vgl. rät. *nuorse* aus NUTRIX + A.

[2] Der Diphthong erklärt sich nach Gröber Etym. 13 durch Einfluss des Masc. *nies*, wie *pièce* nach *pied*, welche letztere Analogie mir nicht einleuchten will.

Analogiebildung NEPOTA[1] ergriffen wurde — decken sich die modernen Belege mit den alten.

ε. NEPOTA unter II A.

B. UNEIGENTLICHE TRADITION.

Das lat. Verwandtschaftsadj. SOBRINUS [SORORINUS, SVESR-ĪNUS, vgl. Geschwister!] hat seine Bedeutung „zweites Geschwisterkind" auf der span. Halbinsel — *sobrino-sobrina* span. (nicht aber catal., Balearen, wo *net*, *nebod-neboda*). *sobrinho-sobrinha* port. — mit der ähnlichen von Neffe-Nichte vertauscht. Zur Wortart vgl. GERMANUS, PRIMUS. Im Gegensatz zu GERMANUS findet sich bei (CON)SOBRINUS auf ausserhiberischen Boden keine Spur[2] seiner dortigen abweichenden Funktion, so dass sich die Bedeutungsübertragung erst im Westen scheint vollzogen zu haben. In welchem Causalzusammenhang diese Verschiebung 1) mit der Einschränkung des Stammes NEPOS auf Enkel und 2) mit dem eigentümlichen Ersatz von CONSOBRINUS durch PRIMUS steht, bleibt noch — an Hand von altspanischen Texten und modernen Dialecten — zu untersuchen.

II. ROMANISCHE WORTSCHÖPFUNG.

A. IM ANSCHLUSS AN DIE TRADITION.

a. Suffixbildung.

I. Eigentliche Suffixbildung liegt nur vor in: 1) *nevesse* afr., wobei -ISSA an den Stamm *nev-* angehängt

[1] Über deren Alter s. S. 113.

[2] Einmal wird *cousin* als Anrede an einen Neffen gebraucht (Karl d. Gr. zu Roland, Raoul de Cambr. 475 Soc. des anc. t.), es ist somit eine Art Titel wie *frère* ib. 2153, vgl. *primo* S. 119; doch steht das offenbar in keinem organischen Zusammenhang mit *sobrino*, sondern deutet nur, auch fürs Afr., die Möglichkeit unserer Vertauschung an. Vgl. die allgemein verwandtschaftliche Verwendung von *Vetter* im Schweizerischen, sogar als eine Art Titel *Vetter-Götti* Zürich, *Götti-Vetter* Solothurn Idiot.

ist, welcher als derjenige der endungsbetonten Form erschien. — Ferner 2) *nieçain* (*niechain*, *necien* Les Loh.) afr. Godefr., vgl. *antain*, *taien*, darüber M.-L. Gr. II, 24 und Rom. XXIII, 326.

II. Suffixvertauschung: Der seltene Stammausgang, den die nördlichen masc. Formen bei Ausfall des *t* ergaben, war der Suffixverwechslung ausgesetzt. Der Stammauslaut wurde angeglichen an: -ORE(M). 1) *neveur-neveura* Val Soana, *nevor-üšci* Argot von Val Soana. 2) *nevur* (*neveur*) Lanslebourg (Sav. Gill.). 3) *nebour-neboude* Bedous (B. Pyr.), *nęvœ̨r-nięs* Diesse (Bern). *neveur*, *nevour* Saintonge, Vendée (Gill.). -ONE(M). *nevõ-* St. Michel (Savoie Gill.). *neboun* Bedous (B. Pyr.) neben *nebour*. -OSA(M). *neveuse* lothr. Ventron, *nevuse* Bergerac (Dord.), *nevœ-nevœz*, Liège.

b. Kindersprache.

Merkwürdigerweise finden wir auch hier ihre Wirkung wieder. *ennette*, *nennete* im Picardischen (nach Gröber): man mag den Stamm abtrennen und erklären wie man will, sicher ist, dass kindersprachliche Verdopplung dabei eingewirkt hat.

Erklärungsversuche: 1) Wird *nette* < NEPTA [vgl. *ate* < APTUM] wie Gröber Etymologie num. 13 *nièce* angenommen, so entsteht durch Verdoppelung *nennette*, durch falsche Abtrennung *ennette*, das Umgekehrte in *nõk*. 2) Ist *ennette* Grundwort, so ergiebt es verdoppelt: *nennette*, wie *fãfã* < *ãfã*. 3) Ist *nennette* — d. h. Kinderwort NENE + dim. *ette* — das Ursprüngliche, so haben wir für *ennette* denselben Übergang wie in 1. Schluss. Dazu vgl. *ninet-ninette*, Nr. 8, S. 120.

c. Verkürzung.

bot-boda aprov., Raynouard, Rochegude, *Merveilles de l'Irlande*, deren Herausgeber J. Ulrich die Verkürzung durch Dissimilation aus *una neboda* zu *una boda* erklärt, ein Rest davon möchte sein: *bot* „Knabe" Queyras, Briançon, Oulx (H. Alp.) vgl. *fetar* „Kerl". Bergell (schw. Id.).

d. Analogiebildung.

Das bereits verschiedenartig gestaltete Fem. wurde allein durch analoge Bildungen nach dem Masc. ersetzt: 1) NEPOTE-*NEPOTA begreift die ganze südfr. und nordit. Zone von der Garonne bis zur Etsch; ausserdem: Catalonien, Balearen, Corsica und Romagna. Vereinzelt auf franco-prov. NEPTIA-Gebiet: *nevá-nevaza* Le Noyer (Savoie, Gill.), (viell. auch < -OSA). — Das Alter dieser Bildung ist schwer zu bestimmen, da sie selbstständig an verschiedenen Orten entstanden sein kann, vorausgesetzt, dass das *t* des Masc. noch hörbar war. Für das Prov. haben wir Belege in *botboda* aus dem 13. Jh. — Das rum. *nepoată* legt die Frage nahe, ob wir es mit einem gemein rom. *NEPOTA zu thun haben. Doch scheint das bedeutende, offenbar ältere NEPTIA-Gebiet dagegen zu sprechen. Denn wie käme es in Frankreich, dass der Süden NEPOTA, der Norden aber NEPTIA und nicht **neveue* sagt? Es ist vielmehr daran festzuhalten, dass NEPTIA die alte Form ist und dass ein NEPOTA sich überall bilden konnte, wo das *t* des masc. noch bestand. — Als indirecter Beweis diene folgende Überlegung: wäre die Neubildung bedeutend früher als das 13. Jahrh., warum finden wir sie, bei ihrer grossen Beliebtheit im Süden, nirgends in nördlichen Texten? Stammt sie dagegen aus jener Zeit, so fällt dieser Einwand, da sie nunmehr durch den Schwund des Schlussconsonanten im Norden unmöglich geworden war.

B. OHNE ANSCHLUSS AN DIE TRADITION.

Ausser dem rätselhaften pic. *(n)ennette.* bei Erklärung 3, S. 112, fanden sich für dieses Kapitel nur zwei sehr eigenartige Fälle von Verwandtschaftsübertragung. 1) In Porrentruy m. soll *džĩndẹr* auch für Neffe gebraucht werden, das Fem. werde umschrieben. Das Umgekehrte in Nîmes *nevú* = *gendre* m. — 2) Entsprechend dem erwähnten *mammasé* S. 45, heisst *zijasé* „*nipote mio(a)*“ „*caro mio*“ in den Abruzzen.

ZUSAMMENFASSUNG.

Die Stammesgleichheit von NEPOS = Neffe mit NEPOS = Enkel fordert zu einem Vergleich ihrer Schicksale. Die traditionelle Doppelsinnigkeit bleibt — bis etwas ins 13. Jh. wenigstens — auf dem grössten Teil rom. Gebietes bestehen: in Italien, Gallien und Rumänien. In die übrigen Teile scheint NEPOS bereits mit eingeschränkter, fixer Bedeutung eingedrungen zu sein. Fürs Rätische ist das so viel wie sicher: denn AVIATICUS ist alt und kann kaum ein noch älteres NEPOS = Enkel verdrängt haben; auch die span. Halbinsel zeigt keine Spur von einem ältern NEPOS, NEPTUS = Neffe. Geändert hat sich der Gebrauch von NEPOS im Lauf der Zeit nur auf gallischem Boden[1]. Das Afr. zeigt noch den lat. Stand der Dinge. Die neuere Sprache hat zu Gunsten von Neffe-Nichte entschieden, und so steht Frankreich, hinsichtlich der Präcision, auf der Stufe, auf der Spanien von Anfang gewesen zu sein scheint. Es mag nicht ohne Wert sein zu bemerken, dass nirgends oder fast[2] nirgends die vielen Doppelformen: nom. und c. obl., NEPOT und NEPT, NEPTA und NEPTIA, zur so notwendigen Bedeutungsdifferenzierung benützt wurden, sondern die Ausdrücke sind, im oben angegebenen Gebiet der Zweideutigkeit, auch formell wirklich gleich.

Im Gegensatz zum Begriff „Enkel" bewegt sich die romanische Begriffsbezeichnung bei „Neffe" fast ausschliesslich innerhalb der Grenzen der Tradition.

---

[1] Dazu gehört nach meinem Eindruck auch Oberitalien, s. S. 87.

[2] It. *nievo* scheint allerdings nach dem Wb. auf die Bedeutung Neffe beschränkt zu sein.

Nr. 8.

VETTER UND BASE.

I. LATEINISCHE TRADITION.

A. EIGENTLICHE TRADITION.

Die classisch-lat. Bezeichnung: FRATER (SOROR) PATRUELIS oder AMITINUS (AMITINA) ist wohl, wie PATRUUS, MATERTERA, juristischer Herkunft und hat sich, weil nicht volkstümlich, den rom. Sprachen nicht mitgeteilt. Neben dieser offiziellen Benennung bestand das Verwandtschaftsadj. CONSOBRINUS; ursprünglich nur die Kinder von Schwestern bezeichnend, heisst es dann überhaupt Geschwisterkind. Es ist anfangs nur Eigenschaftswort zu FRATER-SOROR, d. h. es bezeichnet diese näher, gewissermassen als Bruder, Schwester im zweiten Grad. Dieser Gebrauch hat sich — wohl nur scheinbar — auf dem altrömischen Boden der Campagna erhalten als: *frate consobrino*, *sore consobrina*. Darüber unter II c.[1]. — Das substantivierte Adjectiv ist zum eigentlichen Vetter- und Basenausdruck der rom. Sprachen geworden. Abweichend verhalten sich nur deren äusserste Enden in Ost und West. S. II B.

Intact wurde der lat. Stamm nur belassen in Süditalien: *cunsubrino-cunsubrina* neap. (Andreoli). *consuprinoma-consuprinama* Basilicata m. Formell erhalten auf Veglia: *cosubraina* im Sinn von Nachbarin, vgl. S. 119. — Alle übrigen Formen sind oder scheinen verkürzt und finden als rom. Umformungen in II A ihre Besprechung.

---

[1] Sogar das Simplex SOBRINUS findet sich in seiner lat. Bedeutung: Vetter im II. Grad, im Rätischen: *suvreng-suvrena*, *zavrin-zavrina* Rhein, Albula (Bühler), *tsavrin* Flims, *suvręŋ-suvrena* Bergün, *suvrin* Vicosoprano S. 102 n. 1, vgl. *sobrino* span.-port. = Neffe.

B. UNEIGENTLICHE TRADITION.

Die beiden lateinischen Stämme für Bruder übernahmen, am südwestlichen und nordöstlichen Ende Italiens die Rolle von CONSOBRINUS.

a. FRATER. 1) *fradèl* sard. Spano kennt kein Fem.; mir wurde *sorrastra* als Pedant zu *fradile* angegeben. 2) *frateddu-suredda* siz. (Traina, Biundi). *fratieḍḍu-soreḍḍa* calabr. Scerbo Diz. — Die Diminutivform unterscheidet diesen Ausdruck vom class.-lat. Gebrauch (FRATER = Vetter, Georges Ovid) und giebt uns zugleich einen Fingerzeig zur Erklärung: FRATELLUS „Brüderchen" muss eine allgemein übliche vertrauliche Anrede zwischen Freunden und nahen Verwandten gewesen sein, wie etwa Vetter, Schwager, Onkel etc., während gerade in den angeführten Gegenden *frate* den eigentlichen leiblichen Bruder bezeichnet. Diese vertrauliche Anrede wurde — wir wissen ebensowenig warum, wie bei *barba*, *messer* (*nonno*) — allmählig auf den Vetter beschränkt, vgl. VICINUS = *cugino* Veglia. Ebenfalls vom Bruderausdruck abgeleitet ist ngr. *ἐξάδελφος* Vetter, *tsắδefo* im Dialect von Lakonia.

b. GERMANUS vertritt die Stelle von CONSOBRINUS im westlichen Teil Oberitaliens. Zur Bedeutungsentwicklung vgl. No. 3, auch Nr. 14, CONGERMANUS = Stiefbruder. *zerman-zermana* venez. (Dz. Boerio) Belluno, Feltre, Bassano; lomb. Brescia. *dermáno-dermána* Sovera (Bergamo), *zermà-ana* nach Tir. *german-germana* Bergell, Puschlav, (Bühler). *jorman* lad. (Alton, ohne nähere Lokalisirung). — Vereinzelt auf gallischem Boden *german* aprov. Bertr. de B. ed. Stimming 44, 4. *zarman* Savoie (Brachet); *gearmain-germaine* Centre (Jaubert), *germin-germine* Berry, die umgekehrte Suffixvertauschung von PATRANUM für PATRINUM, s. Index. — Vgl. endlich *cousin germain*[1] = Vetter ersten Grades.

[1] Ob diese Zusammenstellung auf ein lat. CONSOBRINUS GERMANUS wie FRATER GERMANUS zurückgeht, weiss ich nicht.

II. ROMANISCHE WORTSCHÖPFUNG.

A. IM ANSCHLUSS AN DIE TRADITION.

a. Präfix.

Die portugiesische Umgangssprache hat, im Gegensatz zum mehr juristischen *primo*, aus seinem Wort für Bruder ein Compositum gebildet (wie ngr. *ἐξάδελφος* S. 116). *co-irmão* — *co-irmãa*, das auch für Stiefbruder gebraucht wird. Vgl. FILIATUS Enkel, S. 89, und Schwiegersohn, S. 129, Ardèche.

b. Verkürzung.

Weit bedeutender ist der Einfluss der familiären Redeweise auf das vielsilbige CONSOBRINUS. Es tritt nämlich in seinem ganzen Geltungsgebiet — verschwindende Ausnahmen abgerechnet — in einer wesentlich verkürzten und zwar verschieden verkürzten Gestalt auf. — Die Verkürzung geschieht, wie natürlich, auf Kosten der direct vortonigen Silbe, durch Synkope, vgl. ALL. VII, 49.

1) CONSRINUS[1]: Graubündten allein zeigt Erhaltung des *r*: *cusrin-cusrina* Rhein, Albula (Bühler), *cusregn* (vgl. *frigna* = *farina*) Agl. I sottoselv. — *cusdrin-cusdrina* Eng., Bergell, *cusdrign* obengen. Agl. I. Daneben *cusarin-cusarina*[2], vgl. *kušere* alban.

2) CO(N)SINUS[3]. Diese oder eine ähnliche Form ist dem Hauptgebiet von CONSOBRINUS: Italien und Frankreich, zu Grunde zu legen; und zwar ist wiederum zu scheiden je nach Behandlung des secundär intervoc. *s*: 1) Der *s*-Laut bleibt: *küziŋ-küzína* Norditalien, *kūžin-kūžína* Bergell, *cusin* Vicosoprano, S. 102. *kuzí-kuzíno* Südfrankreich; *cosi-cosina*

---

[1] Nicht undenkbar ist, dass dieser Form ein älteres vulgärlat. *CONSOR(OR)INUS zu Grunde liegt, wo der Ausfall des vortonigen freien o nur natürlich wäre.

[2] Ob das *a* ein Rest des sonst ausgestossenen *o* ist, oder erst secundär vor *r* sich gebildet hat, kann ich nicht entscheiden.

[3] Vgl. J. Storm (Mém. soc. de linguist. II, 101): „*cugino* repose sur le bas-latin COSINUS qu'on trouve déjà au VII s. Diez Gr. I, 38. Je le regarde comme une abreviation familière et commode opérée en dehors des lois ordinaires."

catal. aprov. *cousin-cousine* nordfr. Kurz: das ganze nördliche Sprachgebiet (vgl. NEPTIA) — mit Ausschluss des nordrät. — geht regelmässig auf CO(N)SINUS zurück. 2) Der *s*-Laut wird Palatallaut: *cugino-cugina* Mittelitalien seit 13. Jh., Corsica. — *cucinu* Siz (in allen Wb. neben *frateddu*) ferner Milazzo, Messina. Die Lautentwicklung entbehrt noch einer ganz befriedigenden Erklärung[1].

Noch weiter geht die Verkürzung im engl. *coz* (Shakesp.).

c. Composition.

1) *frate(mo) consobrino*, *sorema consobrina* neap. Galuaro m.; in der städtischen Bevölkerung ist die alte Form ersetzt durch 2) *frate(mo) cugino* Sora, S. Germano (Caserta) m., wobei eine bemerkenswerte häufige Differenzirung stattgefunden hat: *frate consubrino* bezeichnet dann gern den Vetter zweiten Grades. -- *frar kunsebrin-serâu kunsebrine* Facto m., worin der erste Bestandteil alt, d. h. fr.-prov. ist, der zweite neu, d. h. aus dem Südital. importirt. — 3) *fratello cugino* it. In all diesen Fällen hat das zweite Wort (noch?) adjectivische Function. Zur Erklärung brauchen wir nicht, wie mir scheint, auf das lat. Nebeneinander von FRATER CONSOBRINUS, das in *fratello cugino* sonderbar gestört worden wäre, zurückzugehen. Stellen wir zu obigen Beispielen noch *nipote cugino*[2] = Vetter im II. Grad, so erscheint das vorangestellte *frate*, *fratello* als determinierendes Beiwort, zum Zwecke der Bezeichnung des ersten Grades, *cugino* allein war zu allgemein und bedurfte je nach dem Grad einer Erläuterung[3].

[1] Die anormale Behandlung findet — auch für CON + S = *cu* — eine teilweise Analogie in *consuere* — **consire* = *cucire* und *cuscire*, während *küzi* = *cucito* Casale (Piem.), dazu vgl.: *simia* = *scimia*, *sirocco* = *scirocco*, SIMPLUS = *scempio*, romagn: COSINUS = *kušẽ*; ferner: *cidro* neben *sidro* < σίκερα; *bacio* neben *bagio* (Tommaseo). Doch das Alles genügt nicht, um den palatalen Sonorlaut im tosc. zu erklären. Das Wort bleibt dort — dank seiner proclitischen Verwendung — *sui generis*, vgl. S. 117, n. 3.

[2] Eig. „Enkelvetter", d. h. der Vetter, der ebensoweit zurück ist, wie der Enkel, nämlich: zwei Generationen. Findet sich schon 1584 (Tommaseo).

[3] Vgl. ebenso *cousin fréreux* norm. Eure, wohl aus *FRATROSUS, also der „bruderhafte Vetter".

B. OHNE ANSCHLUSS AN DIE TRADITION.

Einige neue Ausdrücke scheinen folgenden Sprachsphären entnommen zu sein:

a. Juristische Sprache.

Der Vetter wird aufgefasst als der erste Bruder, von allen nicht eigentlichen Brüdern, weshalb seine Bruderhaftigkeit durch ein besonderes Wort gekennzeichnet werden muss. Die Vettern höheren Grades werden demgemäss im aprov. bezeichnet mit: *seguon* Bertr. de B. Stimming 34, 58. *quart* „Vettersohn“ ib. 44, 4. Ebenso *segond zermà* = *biscugino* bergam. (Tir.). Diese Auffassungsweise taucht merkwürdigerweise an[1] beiden äussersten Enden rom. Gebietes auf. Ob sie auf die lateinische Rechtssprache zurückgeht oder spontan entstanden ist, bleibt zu untersuchen. *primo-prima* span., port.; *primariu-* — walach. (nur nach Diez Wb. 478), rum. Schriftspr. *verŭ* (slav.).

b. Familiäre Umgangssprache.

Eine interessante Vertauschung — offenbar auf Grund eines vagen Sprachgefühls und aus Mangel an juristischer Präcision — hat auf der Insel Veglia stattgefunden. Das traditionelle Wort *consubraina* (nur fem. belegt) ist in seiner Bedeutung erweitert worden, während das von ihm verdrängte Wort in seine Schranken trat. So nimmt *viciain* < VICINUS thatsächlich verwandtschaftliche Bedeutung an.

---

[1] *Primo*, *primariu*, setzt eine fast mathematische verwandtschaftliche Vergleichung voraus, die dem echten Volksgeist fremd ist. Seine Verbreitung geschah auch gewiss durch dieselbe Geistessphäre, der der Ausdruck entnommen: durch die Rechtssprache und im weitern durch die gebildeten Klassen. — Eine nähere Untersuchung würde vielleicht ergeben, dass *primo* noch gar nicht ins Volk gedrungen und wir da ganz andere Ausdrücke vorfinden. — Wie *cousin* ist *primo* ein königlicher Titel für die Grossen des Landes, vgl. S. 111, n. 2. Sollte das vielleicht der Ursprung sein? *primo* = „der Vorzügliche“ dann, weil diese „Vorzüglichen“ naturgemäss mit dem König verwandt waren, „Vetter“, also das Umgekehrte wie in Frankreich.

c. Kindersprache.

Etwas sicherer als bei Nr. 7 sind hier die Spuren kindersprachlichen Einflusses, wiederum nur in der Picardie! 1) *ninet-ninette* pic. eine zweite wohl ursprüngliche Verwendung ist die eines: „*nom amical donné aux enfants*“ (Corblet). 2) *nyęnyę* (accentlos) Poulainville (Somme) m., bezeichnet mit Vorliebe den *petit cousin*.

d. Fremde Sprachen.

CONSOBRINUS ist im rum. — die einzige rom. Sprache, welcher der Stamm gänzlich fehlt — durch *veru-vară* ersetzt worden.

Anhang. Im Graubündtischen finden sich mehrere Zusammensetzungen dunkler Herkunft, die als gemeinsamen ersten Bestandteil alle *bas,* vielleicht das deutsche Base, aufweisen. Sie bezeichnen alle die Vetterschaft im höhern Grad: *basbrin* Vetter zweiten Grades Sent (U. Eng.); *basrin, basbrett*, Sent, *basavrin* Flims = Vetter dritten Grades. Hält man dazu *bazatt(a)* Urgrossvater surselv., Ururgrossv. Bergell, so ist man allerdings geneigt, darin ein Kennzeichen für die Verwandtschaft höhern Grades, *bis* in *bisavolo*, zu sehen.

Übersicht.

CONSOBRINUS	FRATELLUS	GERMANUS	PRIMUS	VERU
—	sard.	—	—	—
—	—	—	span.	—
—	—	—	port.	—
cat.	—	—	—	—
prov.	—	—	—	—
franz.	—	(franz.)	—	—
rrom.	—	—	—	—
—	—	—	walach.	rum.
ital.	südwestit.	nordital.	—	—

ZUSAMMENFASSUNG.

Der Hauptcontingent der rom. Sprachen ist dem lat. Verwandtschaftsadj. CONSOBRINUS treu geblieben, nur scheint fast überall der überhäufige oder proclitische Gebrauch verkürzend eingewirkt zu haben. Der naheliegende Ersatz durch den Bruder-Begriff hat nur sehr beschränkte Ausdehnung in Italien gefunden.

Die unsichere Entlehnung aus der Kindersprache und das naturgemässe Eingreifen fremder Sprachen abgerechnet, gründet sich die Bereicherung des rom. Wortschatzes in zwei Fällen auf wirkliche Neuauffassung unseres Begriffs. Das eine Mal scheint die Apperception durch die Unbestimmtheit der familiär-vertraulichen Volkssprache, das andere Mal durch den reflectiven, präcisierenden Character der Rechtssprache begünstigt zu sein.

Nr. 9.

SCHWIEGERVATER UND SCHWIEGERMUTTER.

I. LATEINISCHE TRADITION.

Der lat. Stamm SOCR hat nur auf gallischem Sprachgebiet: Frankreich und Oberitalien — und zwar erst in späterer Zeit — eine bleibende Einbusse erlitten. s. II. B. — Formel-historisch haben wir zu scheiden in 3 lat. (spätlat.) Doppelausdrücke, von denen die beiden letztern naheliegende Ausgleichungen sind des ungleichmässigen class.-lat. Nebeneinanders.

a. SOCER-SOCRUS wurde nirgends auf die roman. Sprachen übertragen.

b. *SOCRUS-SOCRA, s. ALL. V, 472. 1) *sogru-sogra* sard. Log. *sorgu* im Süden Sp. 2) *suegro-suegra* span., astur. 3) *sogro-sogra* port.; catal.-algher. auf Sardinien. 4) *sogre-sogra* catal., Menorca; Perpignan. *šogre-šogre* Pyr. Orientales. 5) *sogre-sogro* neuprov. nach ALL. V, 472; *sogre-*

sogra Cartres (Tarn); *souè-souèro* béarnais: Bedous, Aydius (B. Pyrénées). 6) *suere* (*suevre, sui(v)re, sire*) afrz. Godefr. — 7) *sir-sira* Somvix, *tšir-tšira* Flims, *sör-söra* Eng. Münster, *seir-seira* Albula, *suoro-suora* Vila bei Lugano steht vereinzelt von SOCERUS umgeben. — 8) *socru-soacră* rum. — 9) — *-suocra* calabr. *sogro-sogra* neap. Portici m., Basilicata m. Der uns erst aus dem 3. Jh. (Appendix Probi) belegte Stamm SOCRUS-SOCRA ist also thatsächlich — mit Ausschluss Mittelitaliens — überall verbreitet.

c. SOCERUS-SOCERA. 1) *sozaru* nordsard., Sp. — 2) *suocero-suocera* it. *so(g)giru* sicil. Wb. Messina, Palermo, Reggio-Calabr., Milazzo m. *suǵǵir* gallo-it. auf Siz. *sösǵir* Piazza Àrmerina. *suocermo-socerma* neap. Sora, Atina m. (wohl importiert). *sösru-sösra*[1] Genuesische Küste. *sösar-sösara* Tessin, Puschlav, Bergell (Bühler) Vercea (Sondrio m.). *sös-sösa* Chironico, Lugano. Das eigentliche Gebiet von SOCERUS-SOCERA scheint somit Mittel- und Norditalien (Beweis für letzteres: nordlomb. und galloital.) gewesen zu sein. Wann die augenscheinliche Verdrängung im Norden durch *messer-madonna* stattgefunden hat, ist mir völlig unbekannt.

II. ROMANISCHE WORTSCHÖPFUNG.

A. IM ANSCHLUSS AN DIE TRADITION.

Ausser der bekannten neapol. halben Verwachsung mit dem Poss. Pron. *sogremo* ist mir nur ein Beispiel von Erweiterung bekannt: ein roman. Titel ist mit dem lat. Erbwort verwachsen in *sogredame* afrz. oder aprov. (nur in Diez Wb. 518). Über Nachstellung des Titels vgl *bap señer* u. a. S. 79.

B. OHNE ANSCHLUSS AN DIE TRADITION.

Es hat einerseits die ehrende Stellung, die der Schwiegervater (Schwiegermutter) innerhalb des Familien-

[1] Einzelbelege: *sœšru-sœšra* Moneglia. *sœšu-sœšua* Torriglia, Vernazza. *sœšer-sœšra* Camogli. *skœser-skœsra* Chiavari.

kreises einnimmt, und andrerseits seine verwandtschaftliche Ähnlichkeit, speziell seine Zugehörigkeit zu den Nüancen des Vaterbegriffes (s. unter b) zu Neuschöpfungen Anlass gegeben.

a. Titelhafte Wendungen.

α. Schwiegervater = Titel. 1) *missér-madona* ist über ganz Oberitalien vom Piemont bis Friaul (auch Muggia (Istrien) und Sulzberg) die einzig gebräuchliche Bezeichnung für unsern Begriff. Eine zweite Verwendung hat das Masc. im Piemont gefunden, vgl. Nr. 4. Dass dieses thatsächlich im Vordergrund des Bewusstseins steht, darauf deutet auch die sporadisch belegte Analogiebildung: *miser-miasera* Triora (Corr. unsicher). *miser-misera* Cremona, Brescia. Ivrea. — 3) *senye-dono* Isola (Alp. Mar.) s. auch Nr. 4. *señ-donnę*, auch *madonnę*; Facto Agl. XII, 59, *donnama* calabr. Letzteres steht vereinzelt da, während sich Isola und das Franco-prov. (auch Val Soana *mess+üa-madona*) an den Piemont anschliesst. 3) *sirat-dainnains* Porrentruy (Monnier), vgl. Nr. 1, S. 31. — 4) *reggió-reggióra* Val d'Intelvi m. (Como) vgl. Monti: *regiòo* = *capo di casa*, *di famiglia*, stellt sich ebenfalls zu Nr. 1, S. 31, *rezidor* Brescia.

β. Schwiegervater = Vater + Titel[1]. Der Titel schliesst sich an den Vaterausdruck in Form eines vertraulich-ehrenden Eigenschaftswortes an; so *beau-pęre—belle-mère*, nunmehr in ganz Frankreich verbreitet, aber vom Norden ausgehend. Denn mancherorts tritt *père* in unserer Verbindung in schriftfranz. Form auf, wo für Vater noch das abweichende Dialectwort gebräuchlich ist: so *biau-père* neben *pa(r)* Somme-Py (Marne), *beou-piri* neben *paire* St. Martin (Alp. Mart.) etc. Aber auch das Umgekehrte ist nicht selten, besonders in der franz. Schweiz: so *bio-pare* neben *pęr* Dompierre, *bio-porę--bela-morę* neben *pęrę-męrę* Yvorne.

Die Umschreibung mit *beau* ist allgemein; sie dient sowohl zur Bezeichnung des Schwäger- wie auch des Stiefverhältnisses; aber immer nur ausschliesslich auf nordfrz.

---

[1] Vgl. „*Herr Vater*“ Anrede des Schwiegervaters, Basel (Idiotikon).

Gebiet. Der Süden geht hierin bis heute mit den übrigen rom. Sprachen. Die ältesten Beispiele dieser adjectiv. Ausdrucksweise stammen aus dem 15. Jahrhundert (*belle-mère*, ou *marrastre*. 1454, und *belle-sœur* Schwägerin (Dict. gén.). Der scheinbar verwandtschaftliche Sinn von *beau* beruht auf einer besonderen Sprachsitte der ältern Zeit. *beau* wurde in der mittelalterlichen Hofsprache Frankreichs (daher auch Italiens) bei vertraulich-ehrender Anrede gebraucht. Bekannt sind die stehenden Redensarten *beau-sire*, *bello signore*, *belle dame*, *beau chevalier*, *bel ami* etc.; ferner *bella dous' amiga mia* (zur Gesellschafterin) Flamenca. *bel ortolan* (Maria zu Jesus) prov. 15. Jh. Rom. XX, 142. Ebenso steht es vor Eigennamen und Verwandtschaftsnamen, wo die ursprüngliche Bedeutung „lieb, traut" deutlicher hervortritt. Beispiele: *Belle Aiglentine*, *belle Amelot* in afrz. Romanzen; vgl. *Belle Corinne* (de Staël); dann *bel sener paire* (wobei in *bel* das Vertrauliche, in *sener* das Ehrende zu liegen scheint) *beau fils*, so St. Louis zu seinem Sohn (G. Paris Extraits 174) erhalten in afrz. *beau-fils* Muttersöhnchen, eig. „das Söhnchen lieb" (Sax-Vilatte), *belle-fille* Péler. de ch. 729, *bella figlia* Mutter zur Tochter (I sette Savi). *bel-oncle* (Littré), *belle ante* Godefr. auch ausserhalb der Anrede gebraucht. Mit *beau frère-belle sœur* hat es eine besondere Bewandtnis. Als Anrede zum eigentlichen Bruder (Schwester) sind sie mir unbekannt, wohl aber 1. als allgemeines Verwandtschaftswort: mit *bel-frère*, *belle-sœur* betiteln sich die Gatten im Afrz. (G. Paris), ebenso heissen die Schwiegereltern im heutigen Dialect von Blois (Thibaut), 2. als freundschaftliche Anrede an Nichtverwandte im Sinn von „Mitbruder", „werter Freund, Trauter", nach Darmesteter ein *terme de politesse* (Vie des mots 105, n. 1), so *bels frere Hugelins*, Bartsch-Horning Chrest. 37, 10 (König Ludwig ist mit H. nicht verwandt); *bella sors* (eine Dame zu ihrer Gesellschafterin) Flamenca. Diese ursprünglich nur zärtlich klingende Benennung nahm einen mehr höflichen Character an, *beau* im Sinne von „lieb" wurde zu einem ehrenden, oft auch nichtssagenden, Beiwort, ähnlich *cher* in der heutigen Anrede *cher monsieur*, vgl. *der liebe Gott*, *le bon Dieu* als

Synonym von Gott, oder „die liebe Fraue". So wurde *beau-père* zu einem Titel für vaterähnliche Verwandte, also für den Schwiegervater und den Stiefvater, desgleichen *beau-fils* und *beau-frère* mit ihren Fem. — Welchen der sechs Begriffe diese Sprachsitte zuerst ergriffen hat, wird kaum auszumachen sein; jedenfalls nicht den „Schwiegersohn" noch den „Stiefvater", für welchen die afrz. Ausdrücke *gendre*, *bru*; *parâtre* (*marâtre*) heute noch gebraucht werden, während *suire* und *serorge* (auch *nore*) nur der afrz., *fillastre* nur noch der mittelfrz. Sprachperiode angehören. — Diese franz. Eigentümlichkeit hat sich nun, so scheint es, auf die angrenzenden Gebiete übertragen; so bezeichnet der Bretone das Schwiegerverhältnis (nicht aber das Stiefverhältnis, wo er *lez* = stief braucht) mit *kẹr* schön (*tadkẹr*, *mamkẹr* neubret.), der Flamländer und Niederländer mit *schoon* (*schoonvader* etc. meines Wissens wiederum nur Schwiegervater), in andern nicht angrenzenden kelt. oder germ. Dialecten ist mir dieser Gebrauch nicht bekannt[1], im Gegenteil fand ich für „Schwiegervater" wenigstens *mabec* kelt. für *mabkẹr* neubret., ferner *def* XIII. Jh. Rev. Celtique III, 407. Andrerseits ist bei dem grossen keltischen Einfluss auf das franz. Ritterwesen auch das Umgekehrte denkbar. — Die Frage den Herren Keltologen überlassend, bemerke ich nur noch, dass der Begriff „schön" überhaupt eine grosse Nüancirung nach ganz verschiedenen Seiten hin zulässt: so *bello* = lieb in *non piangere*, *bello mio* (zu einem Kind, Petr.); „schön" = gut in Norddeutschland (bei Speisen z. B.); *beau* = *grand* H. Loire, S. 78, also in demselben franz. Gebiet. — Über die *beau*-Frage vgl. Diez. Wb. 518, Darm. Vie des mots 104, Rom. XIX, 635 ff.

b. Verwandtschaftsübertragung.

α. Schwiegervater = Stiefvater. 1) *parastre* wird im afr. nach Godefr. so gebraucht, nur masc. — 2) *padri-madria* Caserta zur Form vgl. *padrijo* neap. = *padrigno* aber: *patrino* = *padrino*. *padriñ-madriñ* Forlì m. — 3) *beau-*

[1] Vgl. immerhin: *my fair cousin* Shakespeare z. B. Henri V, IV, 3.

père — belle-mère würde nach Diez hierher gehören, doch scheint, mir wie eben bemerkt, directe Verzweigung vom titelhaften Gebrauch anzunehmen zu sein, wie bei *messer*, *barba* (zweifelhafter bei *nonno*, s. folg.).

β. Schwiegervater = Grossvater. Diese Verschiebung ist auf Oberitalien beschränkt und fand oft nur beim masc., oft nur beim fem. statt: 1) *non-nona* Parma, Reggio, Muggia (Istrien) neben *misiér* Piemont (Zalli). *nonon-nöna* Piem. (Zalli). *mare-grand, mamin-grand* Piemont (Nigra, Canti pop.). — *-mamagranda* Varese, Chiasso, Pontetresa m. *misę-mamin̨* Varese, Mendrosio. *miser-nona* Borgo Ticino (Novara). *nonno-madona*, Alessandria.

γ. Schwiegervater = Vater. Wo kein besonderer Ausdruck existirt, wird kurzweg „Vater" gesagt; so wurde mir versichert, man gebrauche nur: *tata-mamma* in Teramo; ferner *père un tel* in Rambertville (Vosges). — Dazu: *dabuchete* in unserm Sinn, sonst *„jeune mère"* im Pariser Argot, vgl. Nr. 1. — Gar kein Ausdruck für unsern Begriff soll vorhanden sein in: Firenzuola, Pesaro, St. Igilio (Perugia), Vergato (Bologna) m.

δ. Schwiegervater = allgemeiner Verwandtschaftsausdruck. 1) *beau-frère belle-sœur* Blois, vgl. S. 124. — Diese auffallende Übertragung steht ebenso vereinzelt wie: 2) *cousine* Schwiegermutter norm. (Du Bois).

Zusammenfassung am Schluss von Nr. 11.

ANHANG. Das Rumän. hat, meines Wissens, allein einen Ausdruck für das gegenseitige Verhältnis der Schwiegereltern in *cuscru-cuscra*; als Dim. *cuscurlu-cuscurli* macedorum. (E. Picot) = Mitschwiegervater (-mutter) < CONSOCER. Collectivbegriff: 1) *biauté* norm. (Canel) *„appellation collective* des personnes dont les rapport d'alliance s'expriment par *biau"*. 2) *beaux-parents* (nicht Dict. de l'Acad. noch Littré; aber) Figaro 1877, 8. Mai; *belles-gens* = *beaux-parents* südlich nach S.-Villate; = Schwager und Schwägerin, Labiche, vgl. Etudes de gram. I.

Nr. 10.

SCHWIEGERSOHN UND SCHWIEGERTOCHTER.

I. LATEINISCHE TRADITION.

Wie das vorhergehende SOCER so haben sich auch GENER - NURUS, trotz ihrer Stammverschiedenheit, fast über das ganze Gebiet hin verbreitet und wurden ebenfalls nur auf gallischem Boden von bemerkenswerten Neubildungen verdrängt. Das Masc. war dabei weit widerstandsfähiger als das stark abweichende Fem. Wie bei Nr. 6 scheiden wir in:

a. Beide Ausdrücke erhalten.

GENER-NURUS wurde entsprechend dem vorhergehenden SOCER - SOCRUS schon früh umgeformt in: GENERU(M) - NURA App. ad. Prob. Diez Wb. 225) und dann *NŎRA [1] nach Übereinstimmung aller rom. Sprachen ALL. IV, 134. 1) *generu-nùra* sard., vgl. *nuxi* = *noce*: aber *muru* = *mūro.* 2) *yerno-nuera* span., *xenru* astur. 3) *genro-nora* port., aspan. 4) *gendre-nora* catal. 5) *genres-nora* prov. (neu: *džendre, dzendre — noro, nore,*). 6) *gendre-nuere* afr. (gegen Süden, G. Paris). 7) *giner-nora* rum. 8) *genero-nuora* ital. und zwar auf dem ganzen Gebiet: von Sizilien bis und mit Tessin, Veltlin und Friaul.

Der Doppelausdruck ist somit auf rätischem Boden allein unvollständig; doch ist anzunehmen, dass er sich gleichfalls dorthin verpflanzt, dass aber die vollständige Beibehaltung, wie in Nordfrankreich, durch Neuschöpfung gestört wurde.

---

[1] Vulgl. *nǫra* erklärt sich aus dem Einfluss von *sǫcera*, vielleicht von *sǫror*, G. Paris Rom. X, 40, oder *novia* Braut. H. Schuchardt Litbb. 1888 (nach Meyer it. Gr. 41).

b. Nur das Masc. erhalten.

In den beiden eben genannten Gebieten: Nordfrankreich — dann neuerdings Frankreich überhaupt[1] — und Rätien hat das Masc. *gendre, schender* das traditionelle fem. überlebt; doch scheint auch ihm in ersterem Lande der Untergang bevorzustehen.

II. ROMANISCHE WORTSCHÖPFUNG.

A. IM ANSCHLUSS AN DIE TRADITION.

Entsprechend der oben erwähnten einseitigen Erhaltung des Masc. war fürs Fem. die Analogiebildung thätig: und zwar: 1) In -A: *schender-schendra* Rhein, *schendera* Engad., *gendar-gendra* Bergell (Bühler). — *genero-gendra* Alghero (Sardinien), *dzindro-dzindra* Bulle (Fribourg), *džendre-džendro* Montauban (T. et Garonne), Montsolès (Aveyron). — Die Bildung ist somit überall möglich; sie hat aber nur im Rätischen und vielleicht im mittlern Südfrankreich grösseres Gebiet ergriffen.

2) In -ISSA: *džendre-džendressi* bei Roanne (Loire). *genre-gendresse* Somme-Py (Marne). *gendresse* Rheims (Wb. Saubinet).

B. OHNE ANSCHLUSS AN DIE TRADITION.

a) Titelhafte Wendung.

Während die adject. Ehrenbezeichnung — eine andere findet sich hier nicht — bei Schwiegervater den alten Stamm

---

[1] Die Nordgrenze des NORA-Gebietes geht gegenwärtig noch durch folg. Dep.: Charente-Inférieure, Deux-Sèvres, H. Vienne, Creuse, Corrèze, Cantal, Lozère, Gard, Vaucluse, H. Alpes, Alp. Mar. Merkwürdigerweise ist das sonst conservative fr.-prov. Gebiet, so weit es auf franz. Boden liegt, gänzlich von *belle-fille*, meist auch von *beau-fils* (das doch schriftfrz. selten!) beherrscht. Von der franz. Schweiz gehört nur noch Wallis (nur nach Bridel) zum transalpinischen NORA-Gebiet. Faeto hat *džinder-nǫra*.

wohl schon seit mehr als 300 Jahren aus Nordfrankreich verdrängt hat, steht sie hier dem masc. Erbwort an Gebrauchshäufigkeit weit zurück (vgl. *beau-fils* = *gendre*, selten Dict. génér.); beim Fem. scheint sie sich mehr eingebürgert zu haben und sogar das alte Lehnwort *bru* verdrängen zu wollen. So im Schriftfranz. Die Mundarten im Norden und im Osten scheinen mancherorts in der Entwicklung weiter vorgeschritten zu sein, vgl. S. 128, n. 1.

1) *bo-fiu* — *bela-fęlę* Bonneval, Fillinges (H. Savoie). *bio-fiu* — *bel-fiy* Norden: Picardie, Nord, Mons; *be-fi* — *bel-fey* wall. *beu-hil* — *bela-hila* H. Pyrénées. — 2) **džendre* — *bello-filyo* Süden: H. Alp., Drôme, Loire, Aveyron, Cantal, Ardèche, Gard, Aude. 3) *bio-garšõ* — *bel-fil* Lille, vgl. Nr. 2 und 5. 4) *beu-garsu* — *noro* Creuse, *biu-goxõ* Meurthe-et-Mos., *be-gaçon* Meuse.

b. Verwandtschaftsübertragung.

α. Schwiegersohn = Stiefsohn. *fillastre* (masc. und fem.) afr. pic. Lyon (Ménage). *fillâtre* B^sse Auvergne, *hillastre* neben *jé-nore* Labouheyre (Landes). *filyętro* Rochefort (Puy de Dôme). *fiasc* masc. wall. (Littré).

β. Schwiegersohn ≟ Sohn (FILIATUS). Im franz. Rhonegebiet wurde FILIATUS[1] etwa „der zum Sohne gewordene" zur Bezeichnung beider Geschlechter verwendet: vgl. Nr. 5, S. 89. *filyó-filyado* Clermont Ferrand (Puy de Dôme), Aubenas (Ardèche). *fiyá-fiyado* Gilhoc (Ard.). Bollène (Vaucluse). *fiyé-fiyáda* St. Etienne (Ardèche), *filiat* (masc. und fem.!?) Lyon (Onofrio), *filhat* dauph. M. *figliada* H. Auvergne, *filhat-fihado* languedoc. M., *filia* masc. nach Onofrio (ohne Accent). Vereinzelt *hilhat* gasc. M. — Ähnlich wie in Italien für Schwiegervater, so wird für unsern Begriff nur *fi-fe* gesagt in Rambertville (Vosges).

c. Besondere Stellung als Braut, junge Frau.

Teilweise neben *nöra*, aber dieses verdrängend steht **spusa** im westlomb.: Bergamo, Pallazzuolo, Brescia, Soncino

[1] Forc.: = *patri similis sc. imperium.*

(Cremona). Denselben Bedeutungswandel finden wir in *bru*; ferner altgr. *νυμφίος-νύμφη* = SPONSUS-SPONSA heisst neugr. GENER-NURUS m. Das Umgekehrte fand statt im südlichen Frankreich mit dem von *belle-fille* bedrohten *noro:* es nahm wie *paire,* S. 17, eine spezielle Bedeutung an: so bezeichnet *nuoro* in Castanet (Aveyron) nur die junge Schwiegertochter, eine weitere Abzweigung ist die Bedeutung „Braut" in Gard, und endlich heisst es, wie *maire „femme de mauvaise vie"* bas-limousin M. — Dasselbe scheint in alb. *δεnδεr* = Bräutigam vorzuliegen.

d. Entlehnung (aus dem Deutschen).

Den einzigen Eingriff von Aussen her haben die ans Deutsche angrenzenden Gebiete des Nordfranz. und Rätorom. das erste vom Fränkischen, das zweite vom Allemanischen, erlitten. Wiederum ist es das widerstandslosere, an Gefühlswert reichere Fem. So 1) *gendre-bru* schriftfr. seit 12. Jahrh. (Dict. gén.). Dialectisch: *žāre-brü* im ganzen Osten: Lothr. Franche-Comté, Champagne. *žāre-brœ* Meuse, Aube. Weniger allgemein: Yonne, Morbihan; Seine-Inf., Nord, wallon. Vaud. — 2) *schender-brit* Rhein, *broit, breit* Albula, *brüt* Eng. (Bühler), Carnien, *brvkt* O.-Eng.. *brekt* Schweiningen Gartner Gr. § 18. *brud* neben *niore* Friaul (Wb).

Die allgemein germanische Bedeutung ist die von Braut, das goth. (*bruþs*) allein brauchte es als Verwandtschaftsbegriff. Doch ist an eine directe Entlehnung aus jenem ostgerm. Dialect — schon aus lautlichen Gründen (s. Waltemath Die fränk. Elemente in der frz. Spr.. 81) — nicht zu denken. Wie wir bei *sposa, noro, νύμφη* gesehen haben, gehen die Begriffe „Braut, junge Frau, junge Schwiegertochter, Schwiegertochter" leicht ineinander über[1] und so kam sicherlich das Wort in seinen germanischen Verwendungen auf romanisches Gebiet. — Davon haben sich deutliche Spuren erhalten: 1) *bru* kann afr. die Verlobte (kurz

[1] vgl. schwed. *brud* bezeichnet die Neuvermählte nur während des Hochzeitstages! m. — Einführung und Bedeutungsübergang von *brût* beruht vielleicht auf importirten germanischen Hochzeitsgebräuchen.

vor der Hochzeit) bezeichnen. vgl. Dict. gén. unter *bruman*. 2) *bru* DC. = *la (nouvelle) mariée*, ebenso noch heute in der Normandie, Eure, Bessin (Wb.) 3) *bruman*[1] (< *bru* + *mann*) = *fiancé* nach Dict. gén. aus Anfang 16. Jh., ferner in der Normandie mit verschiedenen Nüancen [*garçon d'honneur* und Bräutigam, Cherbourg, als *le(nouveau) marié* Besse, Eure, vgl. auch *bruilles* = *fiançailles* Metz (Lorrain)] aber nie im Sinn von Schwiegersohn.

e. UNBEKANNTES.

1) *pažis-pažiso* Fournels (Lozère) m. (von zwei Ehegatten in Paris), sollte es mit *pages-pageso*, *fermier*, *paysan* (M.) zusammenhängen? 2) *ęréu-ęrę̈va* Graus (Huesca, Aragonien; F. Nougaret) soll auch für den ältern Bruder gebraucht werden; vielleicht ist es HEREDEM.

Zusammenfassung S. 132.

Nr. 11.

SCHWAGER UND SCHWÄGERIN.

I. LATEINISCHE TRADITION.

A. EIGENTLICHE TRADITION.

Neben den üblichen Umschreibungen der lat. Juristensprache: MARITUS SORORIS, FRATER UXORIS etc. stehen als besondere Ausdrücke: LEVIR und GLOS, FRATRIA (Festus), FATRISSA (nach Isid. 9 Orig. 7, 17) Forc. vgl. Philologus XLVII, 52. Ausser PRIVIGNUS sind es die einzigen class.-lat. Verwandtschaftsnamen, die auf keine rom. Sprache übergegangen sind.

---

[1] Dict. gén. giebt an: *vieilli* et *dialect.* = *gendre*, par ext. *Fiancé*. Ich würde dem Gesagten gemäss vorschlagen: *fiancé* p. ext. *gendre*, welch letztere Bedeutung ich weder „*vielli*" noch „*dialect.*" gefunden habe.

B. UNEIGENTLICHE TRADITION.

Das spätere (Volks)latein bedient sich zweier Verwandtschaftsadj. SORORIUS und COGNATUS. 1) Das erste schon lat. den Schwestermann bezeichnend, findet sich nur auf nordfr. Boden, da aber als Erbwort, vgl. ALL. V, 473. *serorge-serorge* afr. pic.; heute noch als *selœrge* Porrentruy (Monnier).

2) Das zweite, COGNATUS, lat. mir nur als „(bluts)verwandt" bekannt, muss im Vulgärlatein schon sich auf die angeheirateten — gerade nicht blutsverwandten — Verwandten: Schwager und Schwägerin verengert haben. Ausser in dem bereits anders bedachten nördlichen Frankreich, fehlt COGNATUS nirgends. Auch hat es im südlichsten Landstrich: Gascogne, H. Garonne, Hérault, Gard, B^{es}-Alpes noch bis heute der Schriftsprache Widerstand geleistet.

II. ROMANISCHE WORTSCHÖPFUNG.

Die Neubildung beschränkt sich auf die titelhafte Umschreibung: *beau-frère - belle-sœur* [1], die an Alter dem entsprechenden Doppelausdruck für die Schwiegereltern gleichzukommen scheinen (15. und 16. Jh.). — Erwähnung verdient das Nebeneinander von *byo-frare* und *bi-frare* Dompierre, worin *byo* nom. voc., *bi* c. ob. ist, ein wertvoller Rest der alten Declination (nach freundlicher Mitteilung von L. Gouchat). — Ferner ein vereinzelter Fall von Verwandtschaftsübertragung ist: *nessa* = *belle-sœur*, auch *cousine germaine* (Rochegude).

DAS SCHWIEGER- UND SCHWAGER-VERHÄLTNIS.

Das classische Latein hat für diese Begriffsgruppe fünf verschiedene Stämme: SOCER; GENER, NURUS; LEVIR, GLOS. An Stelle der beiden letztern trat im Volksmund ein ein-

[1] Nach Dict gén. sind *belle-soeur* und *belle-mère* die ersten Belege (aus dem 15. Jh.) für diese nordfr. Art, alle angeheirateten Verwandten zu bezeichnen, vgl. S. 123 ff.

heitlicher Ausdruck COGNATUS, so dass nunmehr der vulgärlat. Wortschatz nur noch beim zweiten Doppelbegriff Verschiedenheit im Stamm aufwies. Diese hat sich auch, mit Ausnahme Nordfrankreichs und Rätiens, überall bis heute erhalten. Ebenso abseits steht das gallische Sprachgebiet gegenüber der sonst allgemein romanischen Beibehaltung der beiden andern Stämme: SOCER und COGNUTUS. — Dort allein hat die freie Neuschöpfung in grossem Massstab gewirkt. Unser Begriff wurde in seiner Gesamtheit neuaufgefasst und bezeichnet im nördlichen Teile Galliens. Die Neuerung, bestehend in einer vertraulich-ehrenden Auszeichnung des neuen Verwandten, der daneben als Vater, Bruder, Sohn etc. angesehen wird, scheint bei dem des ehrenden Beiwortes (*beau*) würdigsten Schwieger-(resp. Stief-)vater etwa im 15. Jh. begonnen und zuletzt den Schwiegersohn — jetzt noch selten — ergriffen zu haben (vgl. Grosssohn nach Grossvater). Der Süden verhält sich, besonders bei GENER-NURUS, grössenteils konservativ, neuerdings imitirend. In der Titelbezeichnung dagegen — wenn auch in wesentlich anderer, directerer Weise — geht Oberitalien, *messer-madonna*, mit Nordgallien einig. -- In zwei deutsch-romanischen Grenzgebieten: Lothringen und Ladinien hat *brut* als Verwandtschaftswort Eroberungen gemacht.

Nr. 12.

STIEFVATER UND STIEFMUTTER.

I. LATEINISCHE TRADITION.

A. CLASSISCH-LAT. TRADITION.

Der lat. Doppelausdruck VITRICUS-NOVERCA war durch seine Stammesverschiedenheit dem Untergang ausgesetzt, den die Analogie, s. II A a, nur vereinzelt zu hemmen vermochte. Das lat. Nebeneinander hat sich nirgends vererbt. Einer der Ausdrücke, gestützt durch sein analogisch entstandenes Pendant, blieb erhalten:

1. VITRICUS sard. und rum. 1) *bidrigu-bidriga* Logudoro, Sp., Cagliari m. *birdìu* südsard. Sp. — 2) *vitrig-vitriga* rum., vgl. *tata vitregu* II A b.

2. NOVERCA alb. *ńerk-ńerkę* Gröber Grdr. 808. — Ausserdem als Latinismus in der ital. Dichtersprache: Dante Par. 16, 59, 17, 47, Dittamondo, Prati (nach Petr.).

B. SPÄTLAT. TRADITION.

Auf den lat. Doppelausdruck folgten in späterer Zeit zweierlei Neubildungen in Anlehnung an PATER-MATER:

1. PATRASTER-MATRASTRA (in Inschr. nach Forc.) ist westromanisch (mit Sizilien). Merkwürdigerweise gehört ihm an der ganze Piemont, der sonst im Wortschatz mit Oberitalien zu gehen pflegt. — In Sizilien, wo alte und neue Formen bunt durcheinander gehen (so *parrašu* neben *parrastru*, *patrastru* neben *padrassu*) ist im Osten auch PATRIGNUS in den Doppelformen: *pascigno* (Messina) und *matrìa* (Traina, Accent fehlt) eingedrungen. — In Nordfrankreich wurde *parâtre-marâtre* ein übler Sinn beigelegt und durch die bekannte, „beschönigende“ Titelbezeichnung ersetzt, vgl. *paire-maire* im Süden. Sonderbar ist das Nebeneinander von *padraster-madrina* (sic!) Somvix m.

2) *patrignus-matrigna*[1] ist auf Italien beschränkt, im Süden bis Reggio-Calabria und Messina, im Norden bis nach Rätien, *madreña* Rhein, Albula, Bergell. — Eine Erweiterung hat der Ausdruck im Lomb. erfahren. Davon II A b.

II. ROMANISCHE WORTSCHÖPFUNG.

A. IM ANSCLUSS AN DIE TRADITION.

a. Analogiebildung.

1) *VITRICA sard. und rum. 2) *NOVERCUS alb., s. oben. 3) *PATRASTRA auf Sizilien: *parrastra* (Biundi), P. Armerina.

[1] Ich vermute das Suffix sei in Anlehnung an PRIVIGNUS angehängt worden. Ähnlich wie *pader-lastro* nach *figlastro*, *fratellastro*, vgl. II A b.

parraša (Traina) Palermo m. *parrasta* Messina m. *padrastra* Albula (Bühler). 4) *MATRIGNUS tritt an verschiedenen Orten des nördlichen Italiens auf. *matrigno* Montagna Pistojese (Petr.), *madrigno-madrigna* Arezzo m., Corio (Turino) m., *madregno-madregna* Porlezza Varese m.; Bergün m. — Sodann allgemein in der Zusammensetzung mit *padre* im nordlomb. S. das Folg.

b. Composition.

Das Erbwort wurde hie und da als näherbestimmendes Beiwort dem Vater-Mutter-Ausdruck beigegeben: 1) *tătă-vitregu*[1]*-mămmă-vitrega* rum. 2) *mare marastra* Piem. (Gavuzzi). 3) *mader madregna* Cremona (Peri), *padre madregno-mama madregna* Invorio (Novara) m., *pa madreŋ - mam madreña* Chiasso m., *papà madreŋ-mama madreña* Mailand, *padreño-mama madrẹ́na* Varese (Como). — 4) *pader-lastro — mader-lastra* Udine m. Dieses eigentümliche Verwandtschaftsadj. — durch falsche Abtrennung aus [*figliastro*, besonders aber] aus *fratel-lastro* entstanden — ist mir nur einmal belegt. Vgl. Nr. 13 und 14, S. 137 und 139.

B. OHNE ANSCHLUSS AN DIE TRADITION.

a. Titelhafte Wendung.

Nordfrz. *beau-père—belle-mère*, letzteres 1454 Dict. gén. belegt, steht als Titelbezeichnung nicht ganz vereinzelt da; zwar in Oberitalien [etwa *pamadreŋ*, wo das vorgesetzte Vater das „Stiefmütterliche" des Ausdrucks zu mildern scheint, abgerechnet] findet sich kein Pendant zu *misser*. Wohl aber soll *gnure-gnura*, Messina, so verwendet werden.

b. Verwandtschaftsübertragung.

α. Stiefvater = Onkel, vgl. Nr. 13. Diese Verwendung von Onkel-Tante tritt an den verschiedensten Orten auf, ohne Rücksicht auf den jeweiligen Onkel-Ausdruck; die Vertauschung liegt also in der Natur der Sache, nicht des

[1] Neben *vitreg* subst. liegt ein adj. *vitregu* vor, das dem deutschen „Stief" in der Verwendung entspricht, vgl. *fiu vitregu*, S. 137.

Wortes. 1) *õkle-ãdo* Excideuil, Puybarrand (Char.-Inf. abbé Rousselot), *ando* lim. (Foucaud). *õkle-tãtę* Cellefrouin (Char.-Inf.). *oncle-tanto* (bas-) lim. (Sauger und Béronie) Saintonge (Boucherie, Jaubert). *unkle-tanti(o)* Genis (Dord.) m. Tarn, H. Vienne, Var. *unkle-tia* Prades (Pyr. Or.) m. — 2) *ziu-zia* Perugia, Deruta (in der Nähe), Chieti, Messina. — 3) *barba-ámia* Bassano (Vicenza).

β. Stiefvater = Grossvater. Dieser Übergang scheint weniger häufig: *nón-nóna* Reggio. *nono* Venedig m. (etwas unsicher). *babbai-mamai* Pattada (Prov. Sassari) m. (zuverlässig).

γ. Stiefvater ≃ Vater. Der beschönigenden Familiärsprache entnommen ist: *PATRIOLUS „Väterchen" im Friaul: *padréu-madrea* Forni Avoltro. *padreul-madrigne* friaul. (Scala).

ANHANG: Ein sich wiederholender (Nr. 13, 14) metaphorischer Ausdruck liegt vor in *avô torto, avô torta* port. = Stiefgrossvater; für Portugal der einzige Beleg dieser Auffassung

---

Nr. 13.

STIEFSOHN UND STIEFTOCHTER.

I. LATEINISCHE TRADITION.

A. CLASSISCH-LAT. TRADITION.

PRIVIGNUS-PRIVIGNA starb mit der römischen Litteratursprache. Es scheint nur formelle Spuren in *padrigno*, *fratelligno* hinterlassen zu haben.

B. VULGÄR-LAT. TRADITION.

An seine Stelle traten FILIASTER, ANTENATUS und VĬTRĬCUS[1] (als Adj.).

---

[1] Die beiden letztern sind als „uneigentliche Tradition" d. h. als lat. Stämme mit veränderter Bedeutung im Sinne der Einleitung, S. 7, zu fassen.

1) FILIASTER-FILIASTRA (inschriftl. belegt Forc.) ist das älteste Beispiel und wahrscheinlich der Ausgangspunkt dieser Verwandtschaftsbildungen auf -ASTER. — Seine Ausdehnung umfasst die Gebiete von PATRASTER + PATRIGNUS, mit Ausschluss Portugals, wo ANTENATUS Boden gefasst hat. — Neben *NOVERCUS-NOVERCA steht *θieštre* im Alban. — Von *beau-fils* im Allgemeinen verdrängt, ist es noch gebräuchlich *hillastre-hillastre* B. Pyr., Landes. *fillastre-fillastre* Castres, Aveyron, Deux-Sèvres; Troyes, Châlon. *fi(ll)atre-fiatro* Poitou, Puy de Dôme.

2) AUTENATUS auf die westrom. Halbinsel beschränkt, wo es in unserer Bedeutung für Anfang 7. Jh. (Isid. Gl.) belegt ist, vgl. Diez Et. Wb. *alnado* II^b. Der hier zu Grunde liegenden Auffassung entspricht gr. *πρό-γονος* (und PRIVIGNUS wenn aus PRIUS GENO). — Die Formen sind: *antenado, andado, alnado* span. *enteado-enteada* port. — *annat* prov. hab ich so wenig wie K. belegen können.

3) VĬTRĬCUS ist im Rum. (wieder?) Adjectiv im Sinn von „stief" geworden. (Man vergl. it. *la società noverca* Petr.). Zur Verwendung s. unten, sowie Nr. 14. II A b.

II. ROMANISCHE WORTSCHÖPFUNG.

A. IM ANSCHLUSS AN DIE TRADITION.

Composition.

Der Begriff Sohn wird durch ein als Adj. gefühlter Ausdruck im Sinne von „stief" näher bestimmt: 1) *fiu-vitregu—fata-vitrega*, 2) *figlio-lastro—figlia-lastra* Udine, vgl. S. 135.

B. OHNE ANSCHLUSS AN DIE TRADITION.

a. Titelhafte Wendung.

1) *beau-fils—belle-fille*, wobei die Bedeutung „Stiefsohn" die zuerst ins Bewusstsein tretende ist, vgl. Nr. 10. Dia-

lectisch: *bel-feie* wallon. 2) *biau-gairçon* Morvan (de Chambure), *bo-ga—belle-fille* Morbihan. m.

b. Verwandtschaftsübertragung.

α. Stiefsohn = Neffe, vgl. Nr. 12. *nebou-nièce* Cellefrouin (Char.-Inf.). *nebou-neboudo* bas-lim. *nipote-nipota* Perugia, Deruta; Chieti, Messina. Einige Ortschaften abgerechnet ist die Verschiebung consequent.

β. Stiefsohn = Grosssohn. Hier nur eine einzige Entsprechung zu Nr. 12: *biadec* Vocab. bresciano aus 1700.

c. Neues Merkmal: unecht.

1) *fiöl-stort—fiöla-storta* Palazzolo (Bergamo). 2) *pas-fils—pas-fille* Sarthe (H. Maine, Montesson).

Nr. 14.

STIEFBRUDER UND STIEFSCHWESTER.

I. LATEINISCHE TRADITION.

1) Die Litteratursprache kennt nur die Umschreibung: FRATER (SOROR) NON GERMANUS (GERMANA). Die zu Grunde liegende Auffassung tritt unabhängig davon in romanischen Mundarten wieder auf (vgl. auch *pas-fils*). Das dabei negativ determinirende Eigenschaftswort sollte später in erweiterter Form zu positiver Verwendung kommen (span.).

2) Die Volkssprache bildet Nr. 12 und 13 entsprechend: FRATASTER-SORASTRA, das im Gegensatz zum westrom. PATRASTER mit FILIASTER mittelromanisch ist, soweit der Begriff überhaupt den Mundarten geläufig ist. In Frankreich: *frerastre-sorastre* afr. von modernen Dialecten nur *frairastre* H. Loire, Velay. — Italien teilt sich, dem Grundwort gemäss, in das nördliche Diminutiv-Gebiet und

in das südliche Gebiet directer Tradition: davon ist nur Sizilien belegt mit: *fratastru* siz. (Traina) Reggio-Cal. Messina. *fratasco*, *frataš-sorasca*, *soraša* Palermo, Messina. *fraiastre*[1] P. Armerina.

3) Das lateinische, aber erst im Romanischen zu unserm Begriff verwendete, verwandtschaftliche Wortmaterial ist GERMANUS und VITRICUS.

II. ROMANISCHE WORTSCHÖPFUNG.

A. IM ANSCHLUSS AN DIE TRADITION.

a. Prä- und Suffixbildung.

Die span. Halbinsel nimmt, wie beim Stiefsohn, eine Sonderstellung ein: sie sagt CONGERMANUS, „Mitbruder" (Forc. = COALITUS ohne verwandtschaftliche Bedeutung. 1) *cormano-cormana* span. *coirmão-coirmãa* port. und daneben: 2) *hermanastro-hermanastra* span., das an Ausdehnung vielleicht dem *hijastro* — sonst *antenado* — entspricht. — 3) *fratellastro-sorellastra* in Nord- und Mittelitalien. 4) *fradlégn-* — Ferrara nach *padrigno*, resp. PRIVIGNUS.

b. Composition.

1) *frate vitregu-sora vitrega* rum. 2) *fratello laśtro-sorella lastra* Udine m. (könnte auch auf individueller Analogie nach *pader lastro* beruhen).

B. OHNE ANSCHLUSS AN DIE TRADITION.

Die Neubildung schliesst sich ausnahmslos an den Bruder-Schwester-Begriff an. Dieser wurde durch fünferlei Beiwörter oder Merkmale, erweiternd modifizirt:

[1] Deutet auf eine Zeit oder eine Gegend in Oberitalien, wo die Diminutivbildung noch nicht Usus war, s. Nr. 3.

α. Stiefbruder = Bruder + *beau*. *beau-frère* (selten) — *belle-soeur* kommen auch in unserm Sinn vor (nur nach Sax-Villate, nicht bei Dict. gén.).

β. Stiefbruder = Halbbruder[1]. 1) *demi-frère — demi-sœur.* 2) *mez frar — mezza sor* Untereng. Sent, m. 3) *medio hermano — media hermana* span.

γ. Stiefbruder = unechter Bruder. 1) *fradello (i)stort — sorella storta* westlomb.: Bergamo (Tir.), Brescia. *fratel miga bu* Soncino (Cremona) m. *surel miŋ džüsta* Chiasso m.

DAS STIEFVERHÄLTNIS.

Die römische Schriftsprache kennt für unsere drei Doppelbegriffe drei verschiedene Stämme, VITRICUS, NOVERCA, PRIVIGNUS, die sich aber ungleich verteilen. Ihr teilweises Fortbestehen im Sard., Alban. und Rum. ist ebenso interessant wie vereinzelt. — Eine zweite Serie mehr volkslateinischer Herkunft zeigt vor allem die zur weitern Erhaltung notwendige Einheitlichkeit in der Bildungsweise, die sofort das begrifflich Gemeinsame aller Bezeichnungen des Stiefverhältnisses erkennen lässt. Dieser Einheitscharacter wurde in erster Linie durch das etwas Unechtes bezeichnende Suffix -ASTER, dann auch durch -IGNUS, herbeigeführt und gewahrt. Als Übergangsstufe zur Neubildung ist für unsere Begriffsgruppe besonders characteristisch die Tendenz, aus den traditionellen Ausdrücken auf irgend eine Weise Verwandtschaftsadjectiva, entsprechend unserm „stief", herauszubilden: so *vitregu*, rum. *madregno* lomb., *-lastro* friaul. Die eigentliche Neuschöpfung bewegt sich in dieser Richtung weiter. Denn, ausser einigen wohl meist nur gelegentlichen Entlehnungen aus andern Verwandtschaftsverhältnissen: Onkel, Grossvater und ihre Gegenstücke, lehnt sich die Neuauffassung und Neubezeichnung des Begriffes, mittelst cha-

---

[1] Wobei ich über allfällige juristische Unterschiede (auch im Deutschen) nicht unterrichtet bin.

racteristischer Beiwörter im Sinn von „unecht, unrichtig, halb“, oder aber „schön“ = „lieb“, stets an die Grundwörter: Vater, Sohn und Bruder an.

Nr. 15 und 16.

TAUFPATEN UND PATENKIND.

I. LATEINISCHE TRADITION.

Von einer altrömischen Überlieferung kann bei unserm christlichen Begriff keine Rede sein. Es kann sich nur um den Wortschatz des Kirchenlateins handeln. Die von der römischen Kirche sanctionirten Ausdrücke sind:

1) PATRINUS-MATRINA, das sich, wenn auch mit einigen Schwankungen in der Endung (s. II A), in allen rom. Sprachen, das Rum. ausgenommen, als volkstümliches Erbwort[1] wiederfindet. Es hat in den meisten Fällen die Concurrenz von COMPATER siegreich überwunden. Die bedeutendste Einbusse hat es im östlichen Oberitalien: Lombardei und Venetien, durch zwei Neuerungen verschiedener Herkunft, s. II B, erlitten.

2) FILIOLUS-FILIOLA (DC.), das aber nicht die Hälfte des PATRINUS-Gebietes einnimmt. Es ist vornehmlich nordwestromanisch: d. h. franz. und rätisch. *filleul-filleule* in

---

[1] Davon scheint eine Ausnahme: *parē-marèna* Vionnaz. Das Etymon PATRIGNUM (Patois de V. 32) ist, wie Gill. mir selbst zugiebt, nicht zu halten; denn: SIGNUM = *séñé*, VENIO – *véñé*; auch-INUM stimmt nur halb: zwar *vézē*, *koézē*, wo Einfluss des Cons. S. 31, aber als Regel gilt -ĪNUM = *dē*. Fürs Fem. vgl. *faména*, *famine*. An -ANUM [= *ã*, *ãna*] ist nicht zu denken, so dass uns nichts anderes als franz. Einfluss übrig bleibt, während FILIOLUS dort als volkstümlich entwickelt erscheint. Nur das fem. *marẹn* ist importirt neben *parã* in Yvorne. Denselben Process zeigt Südfr. *payrī-mayrīa* wird ersetzt durch *parẹ́n-marẹ́na* Arrens (H. Pyr.)

der Schriftsprache. *filhol* aprov. Dialectisch: *fillol-fillole* basgatinais. *fiora* Velay (Vinols). *filyuk-filyula* Aosta (abbé Rouss.); sodann: *filyol-filyolę(a)* Bergün, Flims, und endlich: *fizolu-fizola* nordsard.

Als uneigentliche Tradition, für den Begriff des des Paten, bezeichnen wir 1) COMPATER-COMMATER, ein volkstümliches, gemeinrom. Wort im Sinn von „Gevatter", der uns hier nicht beschäftigt. Der Ausdruck kommt nur insofern in Betracht, als er ganz vereinzelt den Patenausdruck in den Hintergrund gestellt zu haben scheint: meist nur in Italien. *compare-comare* Massa (Lucca), Bologna, Ferrara, Cosenza m. *cumpá-cumá* Varese, immerhin neben *gudaz*, s. unten. (*naș*)-*comatra* rum. (auch *cumetri*).

2) AFFINIS wird mit Apokope rum. Ausdruck für Patenkind: *finŭ-fină*.

II. ROMANISCHE WORTSCHÖPFUNG.

A. IM ANSCHLUSS AN DIE TRADITION.

a. Prä- und Suffixe.

α. -ANUM statt -INUM: PATRANU(M)-MATRANA(M) findet sich nur stellenweise in Gallien; aber da schon in ältester Zeit (Rol. 3982, Ruteb. II. 204, wo **marrine* unmöglich, vgl. Förster *Chev. as* II *espees* 10769: „*parrain* ist eben so alt wie *parrin*; immerhin giebt DC. kein PATRANUS-MATRANA an"). Unzweifelhaft -ANUM-Formen sind: *parã(porã)-marãna-(morãna)* Vevey; Thonon, Vailly (H. Sav.). *porã-morã*[1] Fillinges (H. Savoie). *parè-maràna* Le Noyer (Sav.), H. Loire. *payran-mayrane* Orthez (B. Pyr.) und endlich: *parrain-marraine* schriftfr., wobei aber das masc. = PATRINUM und das fem. davon abgeleitet sein kann. Der grössere Teil Frankreichs geht sicher auf -INUM zurück.

[1] Das Fem. ist auffallend; aber durchaus sicher, vgl. Ähnliches Dz. Gr. II, 277, afrz. *seigneur*, apr. *midons*, ferner: *ma naη*, S. 69, *ma buη*, S 73, *grand* für *grande*, S. 78.

β. -ICIA statt -INA. *padrin* aber *madretscha* rät. Rhein Alb. (Bühler) Bergün m., *madritša* Flims neben *madrina* im Eng. Zur Form vgl. das lat. Masc. PATRICIUS.

γ. -OCEUM statt -INUM und -OLUM. I. **patroccio*. *padrozzu-madrozza* Messina. Diese Suffixvertauschung ist nur siz., wie *figlioccio* nur ital., sie mag unter Einfluss von siz. *fighiozzo*, wie *patrigno* für *patrastro* nach **privigno*, entstanden sein. II. *figlioccio-figlioccia* schriftital. *fiyoss(o)* oberital., *fiǿtš* Bergell, *filœza*(*felouza*) Aosta: La Thuile, La Salle, neben FILIOLUS, s. oben.

δ. -OTTUM statt -OLUM: *fillot-fillote* H. Maine (Montesson); nur masc.: norm., picard.

ε. -INUM + ONEM: *peinou* (für *peirinou*)-*meirinoune* Champsaur (H. Alpes); + -OTTUM: *marainnot* Fourgs (Tissot). — Vereinzelt steht *pọrẹt'* Bozouls (Aveyron).

ϑ. AD + FILIATUM. *ahijado-ahijada* span. Balearen. *afilhado-afilhoda* port.

b. Kindersprache.

Der Süden und Osten Frankreichs weist eine Menge teils rätselhafter Formen, besonders fürs Fem., auf, die meist nur der vertraulichen Redeweise angehören: *palẹ-mal̃na* Albertville (Sav.), *palẽ-menẻ* Saône et Loire, *pli* Poitou (Lévrier), *menino* gasc. H. Garonne, Toulouse, vgl. Nr. 4, *m(e)nine* Poitou, Berry, Centre, *m(e)ni* Charente, Saint., H. Vienne, *memi(no)* Guyenne, M., *megnin* Jura, *megain* Séquanie, *nino* prov. M„ *nina* H. Alpes, *nenna* Isère, *nana* Le Noyer, (Sav.). — *pipi-(meirino)* Muret (H. Gar.), Foix (Ariège), St.-Julien (Lot et Gar.), Capendu (Aude), ist sehr verbreitet im Süden, s. Nr. 4, S. 83, und gehört in genannten Orten der gewöhnlichen Umgangssprache an. Familiärer ist wieder *pipiǹ-mimi* Labouheyre (Landes), Bozouls (Aveyron).

c. Analogie.

An den verschiedensten Orten, aber unabhängig, tritt ein Fem. PATRINA, auch bei DC. belegt, auf, wie umgekehrt zu *madregna* ein masc. gebildet wurde. *padrinu*(*pardinu*)-

padrina(pardina) sard. *padri-padrino* cast. Balearen, Pyr. Orientales. *parrinu-parrina* Sizilien: Messina, Palermo, S. Agata Militello, m. *patrino-patrina* Rom, m. *padrino-padrina* lomb.: mail., Cremona, Porlezza.

B. OHNE ANSCHLUSS AN DIE TRADITION.

a. Geistlicher Titel.

Als ursprüngliche Ehrenbezeichnung für die geistliche Verwandtschaft sind wohl aufzufassen: NONNUS und SANCTULUS, vgl. auch *parrinu* siz. = *prete*, 1) *nonnu(-o) nunnu-nonna (nunna)* nordsard., Sp. *nonno* schriftit. Vita di S. Eufrosina (Petr.). *nun-* — alban. *nunŭ-nună* macedo-rum. Vgl. Nr. 4, S. 70ff., über die Möglichkeiten des Bedeutungszusammenhanges.

2) *santolo-santola* it. ein Dim. des bekannten auszeichnenden Beiwortes in der römischen Kirche. Sein Gebiet ist der Nordosten Italiens, Romagna und Venetien; in der Litteratur, nach Petr., seit dem 14. Jh. im Sinn von *compare-comare*

b. Verwandtschaftsübertragung.

Entsprechend unserem „Pate" aus PATER und dial. „Götti", die ebenfalls promiscue für Taufpate und Patenkind gebraucht werden, findet in Italien Verschiebung der Ausdrücke für „Taufpate" im Sinn von „Patenkind" statt.

1. Unveränderte Herübernahme. 1) *santolo* venez., *säntel-säntla* Forlì haben somit zwei Bedeutungen. 2) *compare* Chieti heisst der *comparuccio* (s. folg.) vom 12. Jahr an.

2. Diminutiva: sie schliessen sich ausschliesslich an *compare-comare* an und sind nur südital. 1) *comparuccio-comaruccia* Teramo, Chieti (bis zum 12. Jahr). — 2) *compariello-* — Puglia (vgl. *fratiello* neap. Andreoli). *comparil-commarella* neap. Portici, Foggia m. *cummaredda* calabr. — 3) *comarina* neap.

c. Entlehnung,

α. Aus dem Deutschen. In der ganzen Lombardei ist PATRINUS von Norden her durch germ. **goto-*gota* resp.

dial. *Götti-Gotte*[1] (s. K. und Dz. 378) verdrängt worden. Die einfache Form davon liegt ohne Zweifel vor in *kœ-koa* Invorio (Novara) m., übrigens neben *guidaz. gotto-* — Piemont (nach schw. Id.). Die allgemein lomb. Form aber ist *goto* + ATIUM: *güdaz*[2]-*güdazza* Tessin; Sessa, Chiasso, Como, Varese, Pontetresa, Borgo Ticino; Puschlav; Pavia, Reggio. *guidaz-* — Bergell, S. 102. *gwidas-gwidassa* Intelvi, *gidás-gidassa* Mail. Bergamo, Brescia, Cremona; Parma. *giaz-giazza* mail. *gudez* Livignotal = *santolo*! (Monti).

β. Aus dem Slavischen. *naşi* neben *cumetri* rum. (Transsilvanien).

DAS PATENVERHÄLTNIS.

Die kirchenlat. Ausdrücke PATRINUS-FILIOLUS haben sich nur in Gallien nebeneinander erhalten, obschon auch da formelle Abweichungen eingetreten sind. Im übrigen Gebiet lebt in der Regel PATRINUS neben einem romanischen Derivatum von FILIUS weiter. — Eigentliche Neuschöpfung ist vornehmlich den italienischen Mundarten eigen. Der Pate wird durch zwei kirchliche Titel bezeichnet: NONNUS und SANCTULUS. In Oberitalien greift das allemannische *Götti* bis über den Po hinüber. — Bemerkenswert ist das Wiederauftreten nachhaltigen kindersprachlichen Einflusses in Südfrankreich.

---

[1] S. Idiotikon: älteste Bedeutung: Priester, dann Pate nach ihrer halbpriesterlichen Stellung, vgl. engl. *godfather*, *gossip* (*god* und *sib* Verwandtschaft); dem Englischen nachgebildet scheint das Neubengolische: *thormo pita* eigentl.: „göttlicher Vater", *thormo mata*; *thormo putro* = *godson*, *thormo duhita* = *goddaughter*. In *θεῖος* hat ebenfalls die Idee des Göttlichen zum Ausdruck eines Verwandtschaftsverhältnisses gedient.

[2] Resp. *güdats-güdatsa*.

SCHLUSS.

Unsere Untersuchung umfasst einen Zeitraum von 2000 Jahren und ein Gebiet von etwa 90 Millionen Sprechenden. Ich brauche nicht zu sagen, wie weit wir davon entfernt sind, alles zu kennen, was die Sprache innerhalb dieser äusseren Grenzen an neuen Verwandtschaftsbezeichnungen hervorgebracht hat; vielleicht ist nicht einmal die Hälfte weder des umspannten Zeitraums noch des zu behandelnden Gebietes in einigermassen genügender Weise vertreten. Wenn ich also einen letzten Blick zurückwerfe auf das, was die romanischen Sprachen in die Verwandtschaftsbezeichnung Neues gebracht haben, so kann es nur mit grossen Einschränkungen geschehen. Trotzdem aber können wir uns des Eindrucks überraschenden Reichtums, gewaltiger schöpferischer Thätigkeit nicht entziehen, wenn wir neben die 16 resp. 32 Erbwörter die wahrlich stattliche Anzahl von über 100 resp. 200 freier Neuschöpfungen (II B) stellen.

Angesichts der bunten Fülle sprachlicher Thatsachen, die eben vor unsern Augen sich entrollt, angesichts der Mannigfaltigkeit von Problemen, die den Sprachforscher wie den Ethnographen, den Psychologen wie den Philosophen in gleicher Weise angehen, gestehe ich, in nicht geringer Verlegenheit zu sein, bei der Anforderung das vorgeführte Material nach einer wesentlichen Seite hin zusammenzufassen.

Der Einleitung S. 4 und 5 gemäss könnte eine vergleichende Characteristik unserer 16 Begriffe auf Grund des sprachlichen

Ausdrucks, den sie im Romanischen gefunden, versucht werden. Noch fruchtbarer wäre eine Zusammenstellung zum Zweck, ethnographische Merkmale an Hand verschiedener Begriffsauffassung festzustellen; so scheint z. B. die Titelbezeichnung ein Kennzeichen des gallo-romanischen Gebietes zu sein. Es wäre ein Beitrag zur Frage: welche Vorgänge morphologischer oder begrifflicher Art sind der allgemeinen Sprachpsyche eigen, welche andern sind nur bei besonderer psychischer Beschaffenheit eines Volkes, einer Sprechgemeinschaft, einer Zeit (Einfluss des Christentums[1]) möglich. Ähnliche Probleme, wo unsere Verwandtschaftsausdrücke etwelches Licht werfen könnten, giebt es in Menge.

Ich beschränke mich darauf eine Sprachfrage ersten Ranges: Welches sind die schöpferischen Kräfte der Sprache? herauszugreifen, um darauf in tabellarischer Kürze mit dem zu antworten, was uns die romanische Verwandtschaftsbezeichnung in dieser Hinsicht in die Hand giebt.

Zum Verständnis der beiden folgenden Schlusstabellen sei hier bemerkt: 1. dass, wo eine lateinische Wortform steht, thatsächlich alle ihr lautlich entsprechenden modern-romanischen Formen gemeint sind und 2. dass Wörter, deren Entstehung und Auffassung unsicher ist, in Klammern ( ) gesetzt sind.

[1] Z. B. *peiri* zu Grossvater; *fratello*, *hermano*, vielleicht wegen *frate*; *babbo* aus hebr. *abba*?

A. Das Erbwort wurde modifizirt durch Einwirkung von:

	Suffixe	Kindersprache	Kürzung	Verwachsung	Analogie	Composition
1	*tatẹl; atano*	*(papa); papai*	*pa*	—	—	—
	—	*maman, mamai*	*ma*	—	—	—
2	*figliolo*	—	—	—	—	—
	figliola	—	—	—	—	—
3	*fratello, frérot*	—	*mano*	*mõfrẹr*	—	—
	sorella	*sœsœ*	*mana*	*masœr*	*fraya; fretureta*	—
4	*avolo,* AVIOLUS	*cavo, jaju, vovó*	—	*laf, lavi; taion*	—	*messiavu*
	avola, AVIOLA	*vava, jaja*	—	*lava, ; taie*	—	*madoná(va)*
5	*nevodin*	—	—	—	*nieto*	*piccol-nevud*
	nevodina	—	—	—	NEPTA, NEPTIA, *NEPOTA	—, *pta-nieso*
6	*õklẽ, õklo(t); zianu,*	*kunku, zizio; kẽkẽ, tõtõ, nonõ*	*oncle*	*monõk, nõkl; lavõ*	—	—
	antain, medina; tantot	*tante, tãtã*	*medina*	*matãt, maña, lanta*	—	*dunanda*
7	*neveur*	—	*bot*	—	—	—
	nieçain; neveura, neveuse	*(n)ennette*	*boda*	—	NEPTA, NEPTIA, *NEPOTA	—

8	*cø-irmão*	—	CONS(R)INUS	—	—	—	*fratemoconsobrino*
	cø-irmõa	—	CONS(R)INA	—	—	—	*soremaconsobrina*
9	—	—	—	—	—	*SOCRUS, SOCERUS	—
	—	—	—	—	—	SOCRA, *SOCERA	—
10	—	—	—	—	—	GENERUS	—
	—	—	—	—	—	NURA; *gendra, gendresse*	—
11	—	—	—	—	—	—	—
	—	—	—	—	—	—	—
12	—	—	—	—	—	*ńerk; madrigno*	*tata vitregu; pa madreṇ*
	—	—	—	—	—	*VITRICA, PATRASTRA	*mamma vitrega, mam madreña*
13	—	—	—	—	—	—	*fiu vitregu; (figlio lastro)*
	—	—	—	—	—	—	*fata vitrega*
14	*cormano; fradlegn*	—	—	—	—	—	*frate vitregu*
	cormana	—	—	—	—	—	*sora vitrega*
15	*parã; patroccio*	*(pipi)*	—	—	—	—	—
	marãna, madretscha	*(me)nino, memi(no)*	*m(e)ni, nino*	—	—	*padrina*	—
16	*figlioccio, fillot; ahijado*	—	*finŭ*	—	—	—	—
	figlioccia	—	*fină*	—	—	—	—

B. Der Verwandtschaftsbegriff wurde neubezeichnet durch:

	a. Urschöpfung	b. Vorhandenes Wortmaterial + neue Bedeutung.					c. Entlehnung.		
			Allgemeines Merkmal		Spezielles	Verwandt.-			
	Kindersprache	Titel	α. absolutes M.	β. relatives M.	oder bedingtes M.	übertragung	Deutsch	Griechisch	Slavisch
1	*(papa) bap, babbo, bobá nunnu*	*segno, sir; rezidor*	—	*dürbi, baldro*	—	*rataye*	—	—	—
	—	*dona, dan; rezidora*	—	*dürbju, baldra*	—	—	—	—	—
2	—	—	—	*enfant, petit, garçon, valet, mat*	*(tos, valet)*	*tatasé, mammasé*	*bueb, drôle*	—	—
	—	—	—	*tosa, fătă, bwesal*	*(tosa)*	*tatasé, mammasé*	—	—	—
3	*(tato)*	—	*zömel*	—	—	*pap'ciddu, tatuccio, tato*	—	—	—
	nennet	—	*zömela*	—	—	*map'cidda, tata*	—	—	—
4	*nannu, nenné, (nonno), lullet, (pipi)*	*m(i)sé, seigne barba, (nonno)*	—	*manneddu, grand-père gros, belet; cacaro, pay-bu*	*peiri*	*tatone, papiŋ tatel, pepe(r)*	*tat*	*pappu*	*moş*
	nanna, nenné, (nonna), lulleta	*donno*	—	*—, grand'-mère, grosse cacaru*	*meirino*	*mammone, mamiŋ, -el meme(r)*	*tatta, nene*	*moi*	*moaşa*
5	—	—	*arre-hil*	*petit-fils, petit-garçon*	—	*filyó; fillâtre*	—	—	—
	—		*arre-hilho*	*petite-fille*	—	—	—	—	—

6	*babbai*	*barba*	—	—	*(barba)*	—	—	THIUS	*mosč*
	lalla, nanna	—	—	—	—	—	—	THIA; *lellé*	*maťuṣa; tiata*
7	*[(n)ennette]*	—	—	—	—	*zijasé*	—	—	—
	—	—	—	—	—	—	—	—	—
8	*ninel, nyẹnyẹ*	—	*primo, primariu*	*viciain*	—	—	—	—	*verŭ*
	ninnette	—	*prima*	—	—	—	—	—	—
9	—	*misser, segne, reggió, beau-père*		—	—	*parastre, padriñ, non*	—	—	—
	—	*madona, dono reggiora, belle-mère*	—		—	*—, madregna nona*	—	—	—
10	—	*bo-fiu*	—	—	—	*fillâtre; filyó*	—	—	—
	—	*belle-fille*	—	*sposa (bru)*	—	*fillâtre; filyádo*	*bru(t)*	—	—
11	—	*beau-frère*	—	—	—	—	—	—	—
	—	*belle-sœur*	—	—	—		—	—	—
12	—	*beau-père*	—	—	—	*oncle; non*	—	—	—
	—	*belle-mère*	—	—	—	*tante; nona*	—	—	—
13	—	*beau-fils*	*antenado, fiœl stort*	—	—	*nebou; biadec*	—	—	—
	—	*belle-fille*	*antenada, pas-fille*	—	—	*nièce*	—	—	—
14	—	*(beau-frère)*	*demi-frère; fradello-stort, fradelmiga bu*	—	—	—	—	—	—
	—	*belle-sœur*	*demi-sœur, s. mindžŭsta*	—	—	—	—	—	—
15	*(pipi)*	*nonnu; santolo*	—	—	—	—	*gudaz*	—	*naş*
	(mimi)	—	—	—	—	—	*gudazza*	—	—
16	—	—	—	—	—	*santolo, comparuccio*	—	—	—
	—	—	—	—	—	*comarella*	—	—	—

QUELLENANGABE.

Das mir vorliegende Wortmaterial habe ich auf viererlei Arten gesammelt:

a. Gedruckte Quellen, s. S. 153. 1. indem ich eine möglichst grosse Anzahl von Wörterbüchern (Glossare, Indexe etc.) auf Verwandtschaftsnamen und Ähnliches hin systematisch durchlas, falls, wie meist, kein deutsch-(franz.- oder ital.-)mundartlicher Teil vorhanden war. Das Verzeichnis derselben steht vermischt mit den Quellen der zweiten Gattung unter A (jeweilen Colonne links). 2. indem ich aus den verschiedensten Sprachdocumenten alter und neuer Zeit bei gelegentlicher oder systematischer Lectüre die Verwandtschaftsnamen ausschrieb: so besonders mundartliche Texte wie in Biondelli, Zuccagni, Schnackenburg etc. oder wissenschaftliche Lautlehren wie in Arch. glott. Revue des l. rom., R. des Patois, R. des P. Gallo-Romans etc. Was ich systematisch durchsah, steht ebenfalls unter A; das andere gelegentlich im Text.

b. Ungedruckte Quellen: 3. indem ich mündlich und systematisch dialectsprechende „Romanen" nach unsern Begriffsbezeichnungen befragte; so in Paris („provinciaux"), in Florenz (meist süditalienische Soldaten), in Zürich (oberitalienische Arbeiter) und sonst überall, wo ich ihrer habhaft werden konnte. Diese Fälle stehen — als die häufigsten, ohne weitere Bezeichnung — unter B (Colonne rechts), im Text oft mit m. = mündlich bezeichnet. 4. Durch Vermittlung Anderer, die die Freundlichkeit hatten dasselbe für mich zu thun, sei's an sich selbst, sei's in ihrer Umgebung. Diese schriftlichen, aber ungedruckten Quellen sind mit Corr. = Correspondent unter B bezeichnet. Hierher gehören in erster Linie die beträchtliche Anzahl von Antworten, die ich auf ein Circular hin erhielt. Nicht minder wertvolle Beiträge aber wurden mir in zuvorkommendster Weise übermittelt von eigentlichen Dialectforschern wie: J. Gilliéron, abbé Rousselot, L. Gauchat, Paul und Jean Passy, Nougaret,

Bourciez, abbé Devaux, Contejean, Camelat, Bühler etc., etc. Ihrer oft mühevollen, aber stets bereitwilligen Mithülfe sei hiermit der schuldige Dank ausgesprochen.

MUNDARTLICHE QUELLEN.

A. FRANZÖSISCHE MUNDARTEN.

(nach Behrens *Bibliographie gallo-rom. Mundarten* II. Aufl. in franz. Übers. von Rabiet, Berlin 1893. Die Zahlen nach B. weisen auf die Seitenzahl bei Behrens).

A. GEDRUCKTE QUELLEN — B. UNGEDRUCKTE QUELLEN

Allgemeines.

Revue des patois gallo-romans B. 22. Revue des patois, Cledat B. 23. Parabel vom verlorenen Sohn: 1. Coquebert de Monbret 1831 B. 21. 2. Schnackenburg 1840 B. 17. 3. Favre 1887 B. 22.

I. Provenzalische Mundarten.

Allgemeines. Revue des langues romanes. Mistral, lou trésor dou Félibrige B. 38. Honnorat, Dict. provençal B. 37. Rochegude, Glossaire occitanien.

PROVINZEN:

1. **Gascogne.** Luchaire B. 45. Cenac-Moncaut B. 44. P. Th. Lagravère B. 55. Béarnais: Lespy-Raymond B. 52. Hatoulet et Picot B. 50.

DÉPARTEMENTS:

Landes: Labouheyre Corr., Arnaudin (Caude), (vgl. Bull. de la Soc. des Parlers de France I. 109 ff.). *Bses-Pyrénées:* Orthez Corr., Nousty Corr., Aydius (vallée d'Aspe) Corr., Bedous (Oloron) Corr., Bayonne Corr., Laons bei Bay., Précillhon (C^on Oloron) Corr.

Bigourdan: Cordier B. 53. Landais: Moureau, patois de *la Teste* B. 55.

H^tes-Pyrénées: Tarbes, Estaing (Argelès) Bagnères-de-Bigorre Corr. (Société Ramond), Argelès Corr., Arrens en Azun Corr. (Michel Camèlat).

Gironde: Ste-Foy-La-Grande (arr. Libourne), Bordeaux Corr. (Bourciez).

Gers: Monlezun Corr. (J. Passy), Mirande.

Lot et Garonne: St.-Julien.

Tarn et Garonne: Puy la Garde, Caylus.

2. **Languedoc.** Le Mis de la Fare-Alais, las castagnados, poésies B. 71.

H.-Garonne: Muret bei Toulouse (Gilliéron), Melles (St. Béat) Corr. (Nougaret).

Aude: Capendu bei Carcasonne

Tarn: Gary B. 65. Couzinié, langue romano-castraise B. 65. — (de S***) d'Hombres et Charvet B. 70.

Pyrénées-Orientales: Prades, Perpignan.

Gard: Villeneuve bei Avignon, Beaucaire Corr. (Nougaret), Jonquières (?) Grand' Combe bei Uzès (Gilliéron.)

Hérault: Bédarieux (Nougaret).

Rouergat: Vayssier B. 75.

Aveyron: Rodez, Laguiole bei Rodez (?) Castanet bei Rodez, Millau, Ste.-Anne (arr. Espalion), Montsolès bei Villefranche, Entraygues,

	Bozouls zw. Espalion u. Rodez (Gilliéron).
Ardèche: Cluguet B. 78. Paxes, poésios B. 78.	*Ardèche:* Aubenas c^{ton} Privat, Payzac bei Joyeuse, St.-Etienne-de-Lugdarès.
	Lozère: La Canourgue, Fournels, Branchevejol c^{ton} Nalsbinals.
3. **Provence.** V. Gelu, chansons B. 88.	*Vaucluse:* Bollène. *Var:* Draguignan. *Basses-Alpes:* St. Paul, Corr.
Mentonais: Andrews Vocab. B. 92.	*Alpes-Maritimes:* Grasse, St. Auban Corr. (Corbelle), Saorge c^{ton} Sospel, Sainte-Agnès c^{ton} Menton, Isola Corr. (curé), St.-Martin (Vesubie) Corr. (curé).
4. **Dauphiné.** Drôme: Moutier, grammaire dauph. B. 96. H^{tes}-Alpes: (meist Champsaur) (Jouglard) Allemand B. 98. Queyras: (c^{ton} d'Aiguilles) Chabrand et Ade Rochas B. 99. Briançon: Chaix B. 99. Vallée d'Oule et Bruis: Lesbros B. 98. Montmorin (c^{ton}) de Serres argot: Lesbros B. 98. Morosi G. L'odierno linguaggio dei Valdesi B. 99. (Agl. XI 309—415, XII 28—32).	*Drôme:* Montélimard, Dieulefit, Crest. *Hautes-Alpes:* Romollon (Gap), Champsaur (c^{ton} St.-Firmin) Corr., Puy St.-Eusèby (Embrun) Corr., Var bei Guillestre Corr., Rosans Corr. (abbé Lesbros), La Grave Corr. (curé), Trescléoux Corr., Pelleautier (Gap) Corr., Embrun Corr., Puy-St.-Pierre (Briançon) Corr.
	Loire: St.-Etienne, Roanne Corr., Moulincharriez (?) bei Roanne.

5. **Auvergne.**
H^te^-Auv. Velay: Deribier de Chaissac B. 104.
B^es^-Auv. Malval B. 103. Allagnon: Labouderie B. 105. de Vinols patois véllavien B. 105.

Puy-de Dôme: Clermont-Ferrant, St.-Diez, Jumeaux (Issoire), St. Genès c^ton^ Rochefort.
Haute-Loire: Cayres (südl. von Le Puy).
Cantal: Vitrac, St. Flour (Villedieus), Montay, (c^ton^ de Seigne), Chosey, Aurillac Corr.

6. **Limousin.** Foucaud poésie en patois Limousin Paris 1866, vgl. Ruben, B. 108. Sauger-Préneuf B. 107.
bas-lim.: Béronie B. 106.
Périgord: Rousset, œuvres B. 109.

H. Vienne: Limoges, St.-Mathieu (Rochechouart).
Corrèze: Vignolles bei Brive-la-Gaillarde.

Dordogne: Bergerac, le Fleix arr. Bergerac, Genis bei Excideuil, Périgord.
Creuse: Croze arr. Aubusson, Guéret, Felletin, Bourganeuf, Sardent arr. Bourganeuf, St.-Hilaire-le-château.
Lot: Capel Marivane.

II. Franco-provenzalische Mundarten.

1. **Isère.** Champellion-Figeac Gloss. dauph. B. 113. *St.-Maurice-de-l'exil* Revue des P. III 60 Devaux (alt dauph.) B. 94 und 115.

Isère: St. Didier-de-la-Tour Corr. (abbé Devaux).

2. **Lyon.** Puitspelu B. 119. Molard Lyonoisismes B. 115, 116. Forez: Gras B. 117. Onofrio, *Lyonais*, *Forez*, *Beaujolais* B. 117. Philip-

pon *St. Genis-les-Ollières* B. 118.

3. **Savoie.** Brachet F. B. 124. Pont, origine du patois de la Tarentaise B. 122.

Savoie: Albertville Corr., Chambéry, Le Noyer c[ton] Chatelard (Gilliéron), Barberaz bei Chambéry.

Haute-Savoie: Annecy, St.-Foy c[ton] Bourg-St.-Maurice, Vailly bei Thonon, Fillinges, Collonges bei Genf, Salange.

5. **Franche-Comté.** Séquanie: Monnier B. 129. Jura: Contejean B. 133. (Montbéliard).

Doubs: Beauquier B. 133. *Les Fourges* arr. Pontarlier Tissot B. 132.

Haute-Sâone *Plancher-les-Mines:* F. Poulet B. 134. *Belfort* Corbis B. 135. *Dommartin* Richard B. 134.

Doubs: Montbéliard Corr. (Contejean), L'Isle sur le Doubs, Corcelles (Besançon).

Haute-Sâone: Ormoy bei Vesoul, Amoncourt c[ton] Port-sur-Sâone, Combe au fontaine (sic!).

6. **Französ. Schweiz.** Bridel B. 137. Stalder B. 136.

Wallis Atlas phonétique: Gilliéron B. 141. *Vionnaz*: Gilliéron B. 141. *Bagnard* (Châble) Cornu B. 140.

Waadt: Yvorne, Palézieux, Villars-le-Terroir (Échallens), Ballaigues (Orbe), Granges près Marnand (Payerne) Corr., St.-Croix im Gros-de-Vaud Corr., Mollens, Cossonnay.

Wallis: Orsières.

Freiburg: Häfelin vocalisme (glossaire) B. 142. *Dompierre*: Gauchat B. 142. L. Bornet, poésies in: La Gruyère illustrée herausgeg. von R. Horner 1891.	*Freiburg*. Cujy in La Broie (?), Dompierre Corr. (Gauchat) Bulle Corr. (Breuchot).
Genf: Humbert B. 139. Berner Jura: Zimmerli Sprachgrenze B. 135.	*Bern:* Delémont, Porrentruy, Moutier, Diesse (Gilliéron).
7. **Italien.** Val Soana: Nigra Agl. III 1 ff. gergo 53 ff. Colonien *Faeto* und *Celle* (prov. Foggia Morosi Agl. XII 33).	*Aosta:* La Thuile, La Salle u. a. (nach Aufzeichnungen von abbé Rousselot). *Foggia:* Faeto (Soldat in Florenz).

III. Französische Mundarten.

Allgemeines. Baumgarten, nord et centre B. 146.	
1. **Ile-de-France.** argot de Paris: Rigaud Lucien Paris 1881. Larchey Lorédan Paris 1872. Vitu, XV. Jahrh. Paris 1884. Hamdorf Pariser Argot 1876.	*Seine et Oise:* Yerres.
2. **Normandie.** Duméril B. 150. Fresnay B. 160. Moisy B. 152. Du Bois B. 150. Canel B. 153. Manche *Hague:* Fleury, Essai B. 155. *Cherbourg:* La Marche B. 154. *Guernesey*, Métivier B. 154. La nouvelle annèe, pièces en normand de Jersey et de Guernesey Jersey 1872	*Calvados:* La Délivrande Corr.

bis 1875. *Bessin*, Joret, essai B. 157. *Roumois* Eure: Robin, Le Prevost etc. B. 159. *Cauchois:* Collen-Castaigne B. 160. Bray Decorde B. 160. Delboulle, vallée d'Yères B. 160.

3. **Westen.** Bretagne: Orain B. 163. Emile Ernault, Etude sur le Dialecte Breton de la presqu' île de Batz St.-Brieuc 1883. (angekündigt B. 165). Legonidic, Dict. français-breton. Paris 1847. *Rennes:* Le Mière de Corvey. B. 162. *Nantes*: Eudel B. 164. J. Loth, vieux-breton, vocabulaire Paris 1884.

Côdes-du-Nord: Collinée Plancœt, Pleucadee, Liré. (nach Aufzeichnungen von J. Gilliéron).

Morbihan: Plumelec.

Ille et Vilaine: Rennes Corr. (Orain).

Haut-Maine: Ch. de Montesson B. 166. Anjou: Ménière B. 166. Touraine Brachet Rom. I 88—91 B. 167.

4. **Süd-Westen.** Favre B. 167. Poitou: Rousseau B. 169. Lévrier B. 170. Lalanne B. 170. A. Favraud, œuvres B. 170. Saintonge: *la Rochelle:* M*** de 1780. B. 173. Boucherie B. 173. Jônain B. 174. Rainguet B. 173. Eveillé B. 175. Cellefrouin: Rousselot B. 175.

Vendée: Ile d'Yeu, Sables-d'Olonne (Gilliéron).

Deux-Sèvres: Celles sur Belle Corr. (Lévrier).

Charente: Cellefrouin (abbé Rousselot).

5. **Orléans und Berry:** Jaubert, Centre B. 179. Desgranges B. 176. Berry: Tissier B. 179. *Blois:* Thibaut B. 178. Coudereau B. 179. Jaubert, voc. du Berry B. 178.

Nièvre: (Clamecy) Empury c^{ton} Lormes.

6. **Süd-Osten.** Bourbon Escurolles: Tixier B. 180. Morvan de Chambure B. 181. Bourgogne: Mignard B. 185. Gui Barozai, Noëls et glossaire B. 182. *St.-Germain-du-Bois:* Guillemain B. 187.

Yonne: Arthomay, Tonnerre. *Yonne:* Cornat B. 188. Jossier B. 189.

Côte d'Or: St.-Maurice-sur-Ouche c[ton] Sombernon, Montigny-sur-Vigeanne c[ton] Fontaine-Française Corr. (curé) (Dijon).

Saône et Loire: Frontenaud arr. Louhans.

7. **Champagne.** Tarbé Côte-d'Or: *Bourberain:* Rabiet B. 191. *Langres:* Mulson B. 191. *Troyes:* Grosley, Ephémérides B. 190. *Rheims:* Saubinet B. 192.

Marne: Somme-Py (c[ton] Suippe) Corr., Vertus Gionges.

H[te]-Marne: Valcourt (St.-Dizier) Corr. (curé).

Aube: Arcis-sur-Aube Corr. Labourasse.

8. **Lorraine:** P*** (Pétin) B. 199. Adam, patois lorrains B. 199. Michel B. 198. Almanach de 1853 et 54 „Le Lorrain peint par lui-même".

Meuse: Cordier Vocab. B. 201. Labourasse B. 201.

Meuse: Reffroy Corr. (curé), Méligny le Grand (Reffroy) Corr. (curé), Naix-aux-forges c[ton] Ligny Corr., Damvillier c[ton] Anvillier, Ancerville (Anvillier) Commercy.

Vosges (Richard cfr. Haute-Saône, fr.-prov.) *Uriménil* (Epinal) Haillant, Essai B. 203. Passy, Notes sur qq. patois vosgiens B. 205. Alsace: *Haut-Rhin Baroche* (val d'Orbey) Lahm B. 207. Pays messin: Jaclot de Saulny B. 208. Lorrain B. 209. Rolland, Rom. V. B. 209.	*Vosges:* Valtroicourt arr. Mirecourt c[ton] Vittel, Bourgonse (?) bei Rambertvillers, Chermisey arr. Neufchâteau, Liffel-le-Grand (Neufchâteau) Corr. St.-Maurice sur Moselle. *Meurthe-Moselle:* Lacson (?) Nancy.
9. **Wallon.** Remacle B. 216. Grandgagnage Dict. étym. B. 217. Luxembourg: *St. Hubert:* Marchot B. 220. Liège: Forir B. 223. Hainaut: *Mons* Sigard B. 227.	*Ardennes:* Sedan. *Belgien:* Virton, Monméry (?), Liége, Mons.
10. **Picardie.** Corblet B. 228. Jouancoux et Devauchelle A.-M. B. 229.	*Somme:* Amiens (auch Gilliéron), Poulainville bei Amiens, Avelesges (Amiens).
Rouchi: Hécart Vocab. B. 229. *Lille:* Legrand B. 230. Debuire du Buc B. 231.	*Pas de Calais:* Pittefaux arr. Boulogne, Wimille (Boulogne), Lille Corr. Debuire du Buc.
Flandre: Vermesse B. 231. *Arras:* Advielle, le patois artésien B. 233.	*Nord:* Cambrai, St. Amand, Valencienne. *Aisne:* St. Quentin.

Anhang. Kreolisch: Schuchardt, kreol. Studien, Wien 1882. Sitzungsber. der Ac. der Wissensch. philol.-hist. Classe C. I. Volsy Focard Du patois créole de l'*île de Boubon.* St. Denis 1885. — Neu-Hengstett (Würtemberg) Alban Rösinger, Greifswald 1882.

B. ITALIENISCHE MUNDARTEN.

(nach Ascoli's *Italia dialettale* Agl. VIII 98).

Allgemeines. ARCHIVIO GLOTTOLOGICO ITALIANO I—XIII. ZUCCAGNI-ORLANDINI, Raccolta di dialetti italiani 1864. PROPUGNATORE. N. CAIX: Studi di etimologia italiana e romanza. FRANC. ZAMBALDI, Vocabolario etimologico-italiano Città di Castello 1889. SCARABELLI, Dizionario italiano.

A.

	Provinzen.
1. **Franco-provenzalisch.** Vgl. S. 158.	
2. **Ladinisch** (nach Arch. glott. I). GARTNER rrom. Gr. Heilbr. 1883.	*Graubündten*: Rhein, Albula, Engad., Münster, Bergell, Puschlav (für genannte Gegenden Hauptcorr. Bühler in Chur, Einzelnes von Morf).
§ 1. Graubündten: CARIGIET, Wb. surselv-deutsch. ASCOLI: Annotazioni soprasilvane Agl. VII 365.	Bergün, Sent (U.-Engad.), Flims, Somvix (Thuor.)
§ 3. Central-ladinisch: GARTNER: *Sulzberger Wörter* Leipz. 1883. BÖHMER: *Nonsbergisches*, rom. St. III 1. *Gröden*, *Fassa*, *Buchenst.*: J. ALTON, Die ladin. Idiome Innsbr. 1879. SCHNELLER, Die roman. Volksmundarten in *Südtirol* 1870. SCHÖPF, Tirolischer Idiotikon 1866.	
§ 5. Friaul: PIRONA, Vocabolario friulano Ven. 1871. SCALA, G., Piccolo Voc. domestico friul. Pordenone 1870. JACOPO CAVALLI, Reliquie ladine raccolte in Muggia d'Istria.	*Udine:* Forni Avoltri, Spilimbergo, Madio? viell. ist es: Moggio.

Veglia. IVE, Dialetto di V. Agl. IX 115. — *Österreich:* Fiume.

B.

1. **Gallo-Italien.** BIONDELLI, Saggio sui Dialetti Gallo-italici Mil. 1853. MUSSAFIA, Beitr. z. Kunde nordit. Mundarten i. XV. Jh. Denkschr. phil.-hist. Cl. XXII.

a. LIGURIEN: FLECCHIA, Antiche Rime Genovesi Agl. II. VIII. IVE: Prose Genovesi, XIV., XV. Jh. Agl. VIII. OLIVIERI Dizionario genov.-it. Genova 1851. P. AUG. PAGANINI. Vocab. domestico-ital. Gen. 1857 (in Begriffsgruppen eingeteilt; unter *vestimenti* finden sich die Verwandtschaftsbez.). CASACCIA, GIOV., Voc. genov.-ital. Gen. 1873–75 (fand sich nur auf der Maruccelliana).

Porto Maurizio: P. Maurizio Corr., Triora Corr. Dr. David. Prov. *Genova:* Genova, Torriglia, Camogli, Chiavari, Moneglia, Framura, Levanto, Vernazza, Spezia, Sarzana.

b. PIEMONT: MAURIZIO PIPINO, Vocab. piem., Torino 1783. ZALLI DON CESARE: Diz. piemontese-ital.-latino-francese Carmagnola 1830. V. DI SANT'ALBINO: Gran Diz. piem.-it. Torino 1859. CANDIDO MAMINI: Il Dialetto piem., lessico in: Il R. Liceo Ginnasiale

Torino: Torino, Burgiallo bei Cuorgnè, Corio südl. von Cuorgnè, Ronco Canavese (circond. Ivrea), Crotto (?) (mand. Ponte, 7 Stunden davon), Giaseno im Pinerolo.

Cuneo: Saluzzo, Frassino mand. San Peyre, Cuneo bei

Giovanni Plana in Alessandria 1875/76. GIUS. GAVUZZI, da Caramagna, ingegnere, Voc. piem.-ital. Torino-Roma 1891.

Saluzzo.

Monferrat: G. FERRARO, Glossario monferrino Torino 1889. C. NIGRA, Canti popolari del Piemonte 1888. Il moro sarcino canz. pop. Rom. XIV 230. SALVIONI, il Nuovo Testam. *valdese* Glossario Agl. XI.

Alessandria: Alessandria, Acqui, Asti, Serravalle, Casale.

c. LOMBARDEI: SALVIONI: Annotazioni lessicali Agl. XII 375. SEIFFERT: Bonvesin da Riva, Glossar Berlin 1885.

Novara: Biella, Trino in Vercelli, Borgo Ticino, Oleggio, Cigliano in Vercelli, Cannubio bei Pallanza, Gislarenga bei Arboro, Invorio (? viell. Livorno.)

Mailand: CHERUBINI FR., Voc. mil.-ital. Mil. 1814, Suppl. 1856. SALVIONI, Fonetica Mil. 1884. Como: P. MONTI, Voc. dei dialetti di C. Mil. 1845.

Milano: Milano, Lentate sul Zeveso.

Como: Varese, Val d'Intelvi, Laino bei Castiglione, Pontetresa.

Bergamo: ZAPPETINI STEFANO, voc. berg.-ital. Bergamo 1859. TIRABOSCHI, A., Voc. dei dialetti berg. antichi e moderni Berg. 1873—79. Il Gergo dei Pastori Bergamaschi (di Parre) Berg. 1879. Brescia: — Vocab. bresciano per facilitare . . . Brescia 1759. MELCHIORI. GIOV.

Tessin: Mendrisio, Chiasso, Lugano Corr. Keller, Sessa, Chironico bei Faido, Vila bei Lugano.

Sondrio: Vercea zw. Chiavenna und Colico.

Bergamo: Romano, Sovere (? viell. Lovere).

Brescia: Brescia, Pallazolo Corr., Cassago San Martino, Cocaglio b. Chiari,

BATT. Voc. bresc. Br. 1817, Suppl. 1820. ROSA GABRIELE, Voc. bresc.-it. Br. 1878 (verbess. Melchiore).	Edolo und Malonno im Gebirg.
Cremona: PERI ANGELO, Voc. cremonese-it. Cremona 1847. Crema: SAMARINI BONIFACIO Voc. cremasco-it. Crema 1852. Pavia: GAMBINI CARLO, Voc. pavese-ital. Pavia 1850.	*Cremona:* Soncino (drei mal belegt).
d. EMILIA.	
Romagna: MORRI ANT., Voc. romagn.-ital. Faenza 1840. MATTIOLI ANT., Voc. romagn.-ital. Imola 1879. Mantua: CHERUBINI FRANC., Voc. mantovono-ital. Milano 1827.	*Mantova:* Sabionetta.
Ferrara: NANNINI FRANC., Voc. portatile ferrarese-ital. Ferrara 1805. AZZI C., Voc. domestico ferr.-ital. Ferr. 1857(67). *Pontelagoscuro*: Canti popolari raccolti a. P. Riv. di fil. rom. II. 193.	*Ferrara:* Ferrara (zwei mal). *Forlì:* Cesena.
Bologna: T. CORONEDI-Berti, Voc. bolognese-it. Bologna 1877. A. GAUDENZI: i suoni, le forme e le parole dell'odierno dialetto di Bologna, Torino 1889. Parma: PESCHIERI ILARIO, Diz. parmigiano-ital. Borgo San Domino 1828. MALASPINA, CARLO,	*Bologna:* Bologna (zwei mal). Vergato (auf der Linie n. Pistoja). *Modena:* Modena. *Reggio:* Corregio, San Martino in Rio.

Voc. parmig.-it. Parma 1856—59. Piacenza: L. FORESTI, Nuovo voc. piacentino (2.ed. Piac. 1855) 3.ed. Piac. 1882.

Piacenza: Firenzuola.

2. **Sardinien.**

PORRU, VISSENTU, Nou Diz. sardu-ital. Castendu 1832. SPANO, Canonico Voc. sardu-it. et it.-s. Kalaris 1851. CARBONI, SALVADOR, Discursos sacros Bologna 1882. GUARNERIO, Gli Statuti della Repubbl. sassarese Spoglio lessicale Agl. XIII. HOFFMANN, Logudoresische u. campidanesische Mundart Marburg 1885. *Alghero:* MOROSI: L'odierno dial. catalano di Alghero in Sardegna in Miscellanea di filologia Caix-Canello. GUARNERIO: Il dialetto catalano d'Alghero Agl. IX 261.

Sassari: Pattada (Telegraphist).

Cagliari: Umgegend.

C.

1. **Venezien:** L. DONATI, Raccolte d'esempi in antico veneziano, . . . , lessico Halle 1889. WENDRINER, die paduanische Mundart bei Ruzante, Breslau 1889. NOVATI, FRANC., „La Navigatio Sancti Brendani" in antico veneziano, Ber-

Venezia: Venedig (zwei mal). Mestre, Mirano.

Treviso: S. Vittorio, Miane.

Belluno: Feltre, Roccapietro? Auronzo.

gamo 1892. MUTINELLI, FABIO Lessico veneto... per agevolare la lettura della Storia dell'antica Repubblica Ven. 1851.

BOERIO, GIUS., Diz. del dial. venez.-ital. Venezia 1829, 56, 67. Padua: PATRIARCHI, GASPARO, Voc. venez.-padovano 3.ed. Padova 1821. LUZZATTO LEONE I dialetti moderni delle città di Venez. e Padova P. 1892. Verona: ANGELI, GAETANO, Picc. voc. veronese-tosc. Verona 1821.

Padova: Padua.

Vicenza: Bassano.

Verona: Stadt.

2. **Corsica.**

Corsica: Calvi, Muro.

3. **Sizilien und Neapolitanien.**

a. SIZILIEN. MICHELE PASQUALINO, Voc. sicil. etimologico (it. lat.) Palermo 1786. BIUNDI GIUS., Diz. siciliano-it. Palermo 1857. SEB. MACALUSO STORACI Nuovo voc. sic.-it. Siracusa 1875 od. 77. A. TRAINA Vocabolarietto delle Voci sic. dissimili dalle italiane — 1877. H. SCHNEEGANS, Laute u. Lautentwicklung Strassb. 1888. *Milazzo:* GIUS. PIAGGIA, Illustrazione di Milazzo mit Dizionario Palermo 1853. Gallo-ital. Kolonien: R. ROCELLA, Voc. della lingua parlata in

Messina: Stadt u. Umgegend, Tortorice, Sant'Agata Militello.

Palermo: Stadt u. Umgegend.

Piazza Armerina, Coltagirone 1875.

b. NEAPOLITANISCHES FESTLAND:

α. Calabria: V. PAGANO: Lingue e dialleti di C. prima del mille, Propugn. IV 1 a 213. *Reggio:* MORISANI, CESARE, Voc. del Dial. di R.-Calabria, R.-C. 1886. *Bova:* MOROSI, Dial. romaico di B. di Calabr. Agl. IV 3. SCERBO, Sul Dial. Calabro Firenze 1886. V. IMBRIANI, Canti popol. calabr. Prop. V 2, 180.	*Cosenza:* Cosenza.
β. Basilicata: *Tito:* IMBRIANI: XV Canzoni popol. in Dialetto Titano Prop. IV 1, 337.	*Basilicata:* Vigiano, Galnaro, Marsico-vetere (alle südl. von Potenza).
γ. Apulien: — — —	*Foggia:* Foggia, Ortanova, Cagnano Varano in Monte Gargano.
δ. Campanien: Neapel: PUOTI, BASILIO, Vocab. domestico nap. e tosc. Napoli 1841. ANDREOLI, RAFF. Voc. napol.-ital. Ditta G. B. Paravia e Comp. Tor. Roma-Mil. Fir. ohne Jahreszahl. CAPOZZOLI, RAFF., Grammatica del dial. nap. Napoli 1889.	*Napoli:* Neapel, m zwei mal und Corr., Portici. *Caserta:* Atina, Monte Cassino, Sora. — San Germano in Terra di Lavoro (?).
ε. Abruzzen: FINAMORE, G., Voc. del uso abruzzese Lanciano 1880. *Teramo:*	*Chieti:* Chieti. *Teramo:* Umgegend.

SAVINI, G., La grammatica ed il lessico del dial. Teramano, Torino 1881.

4. **Marken bis Rom.** BIANCO BIANCHI, Il Dial. . . . di *Città di Castello* 1888.

Perugia: Deruta, Sant'Igilio.
Rom: Stadt (zwei mal).

D.

Toscana. BLANC, Voc. Dantesco Fir. 1859. POLETTO, Voc. Dantesco, Siena 1885—87. NERUCCI GHERARDI, Saggio sopra i parlari vernacoli della Toscana Mil. 1865.

Siena: GIGLI GIROLAMO, Vocab. Cateriniano Fir. 1866. L. HIRSCH, Lautlehre des Dial. v. Siena Diss. Bonn 1885.

Arezzo: Arezzo.
Livorno: Livorno.
Lucca: Camajore, Massa.

Anhang.

Spanien und Portugal: L. TOLLHAUSEN, sp.-dt. und dt.-sp. Wb. D. VIEIRA Diccionario Portuguez. LEITE DE VASCONCELLOS, O Dialecto *Mirandez* Porto 1882. H. SCHUCHARDT, *Negerportugiesisch* der Ilha do Principo Ztschr. f. r. Ph. XIII 463. JUAN BENEJAM, Vocabulario *menorquin*-castellano Ciudadela 1885.

Huesca: Graus Corr. Nougaret.

Albanien: Gust. Meyer, Etym. Wörterb. d. alban. Sprache 1891. Kurzgef. alban. Grammatik 1888.

ERKLÄRUNG DER ABKÜRZUNGEN.

Vgl. S. 152.

Dem so verschieden gesammelten Material entspricht folgendes Abkürzungssystem: 1. Bei den mundartlichen Wörterbüchern gilt als Regel: ist im Text ein Landesteil — nicht Département oder Provinz — z. B. béarnais, H. Maine; lomb. abruzz. etc. oder eine Stadt, z. B. Blois; Ferrara, angegeben, so fand ich das Wort in dem S. 153—170 unter A für den betreffenden Landesteil citirten Wörterbuch. Sind deren mehrere, so ist Übereinstimmung derselben gemeint. Findet sich das Wort nur in einem, so ist sein Verfasser jeweilen in Klammern angemerkt. — 2. Bei den Quellen zweiter Art war ich bemüht, Titel und Seite des Buches, soweit ich sie notirt hatte, anzugeben. Bei Texten aus *Biondelli, Zucc.*, *Schnackenburg*, *Favre* und ähnliche, wo bei Kenntnis der Ortschaft das Wort leicht zu finden ist, geschah dies nicht. — 3. und 4. Die ungedruckten Quellen sind nach Départements und Provinzen eingeteilt (als solche gelten die schweiz. Cantone). Wie oben 1. gilt als Regel: die blosse Angabe des Dép. oder der Provinz gilt für alle die darin befindlichen Ortschaften, deren Verwandschaftsnamen ich erfragte oder erfragen liess. Sind deren mehrere, so ist wiederum Übereinstimmung — von lautlicher Differenz abgesehen — gemeint. In besonderen Fällen ist die Ortschaft selbst angegeben, in Klammern dann Dép. oder Provinz.

Ausser den üblichen Abkürzungen gelten folgende:

Erklärung der Abkürzungen (die im Gröber'schen Grundriss **nicht** stehen).

Agl.	= Archivio glottologico italiano.
ALL	= Archiv für lat. Lexicographie.
B.	= Behrens, Bibliographie gallo-rom. Mundarten.
Biond.	= Biondelli, Dialetti gallo-italici.
Corr.	= Correspondent.
Delbr.	= Delbrück, indogerman. Verwandtschaftsnamen.
Dict. gén.	= Dictionnaire général par Darmesteter et Hatzfeld 1—12.
Forc.	= Forcellini.
Gill.	= J. Gilliéron.
Id.	= schweizer. Idiotikon.
K.	= Körting, lat.-rom. Wörterbuch.
m.	= mündliche Aufzeichnung.
M.	= Mistral, Trésor dou Félibrige.
n.	= Fussnote.
Petr	= Petrocchi, Novo Dizionario italiano.
Rom.	= Romania.
Schn.	= Schnackenburg, les Idiomes populaires.
Sp.	= Spano, Diz. sardo-italiano.
Wb.	= Wörterbuch.
Zucc.	= Zuccagni-Orlandini, Raccolta di dialetti italiani.

TRANSCRIPTION.

Für die Quellen a und b Corr. wurde die Schreibweise des Originals beibehalten. — Bei Wiedergabe meiner mündlichen Aufzeichnungen bediente ich mich der Zeichen von Gröbers Grundriss S. X, besser S. 584. Hinzuzufügen ist *x* als velarer Reibelaut (Passy).

INDEX.

Die Zahlen verweisen auf die Seiten.

ITALIENISCH.

FRANZÖSISCH.

(prov. und franco-prov.)

SPANISCH (port.)

RÄTISCH.

*

RUMÄNISCH.

ALBANESISCH.

DEUTSCH.

ENGLISCH.

SLAVISCH.

KELTISCH.

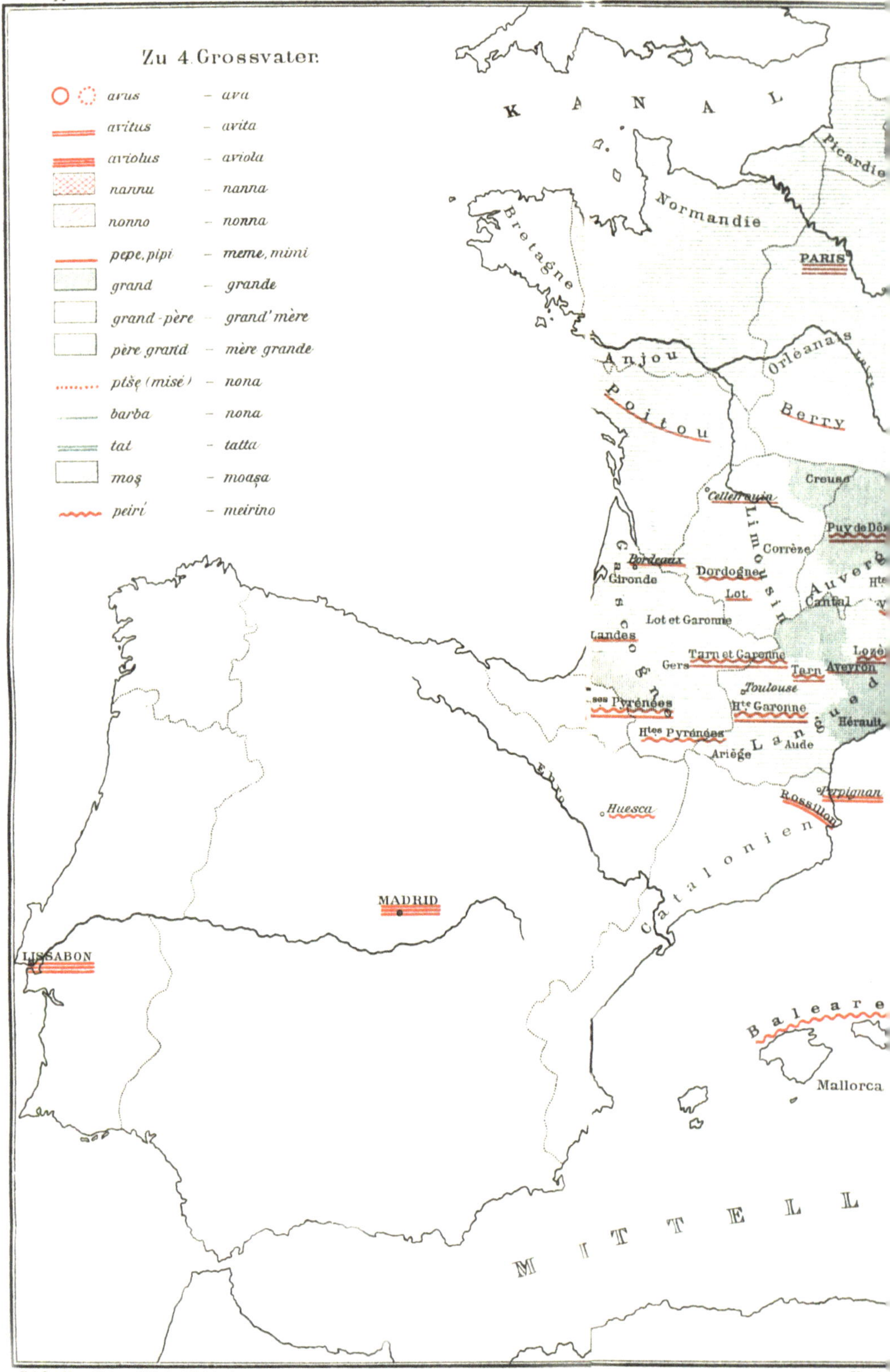

F. A. Brockhaus' Geogr.-artist. Anstalt, Leipzig. Nach

Verlag von Karl J. Trübner, Strassburg.

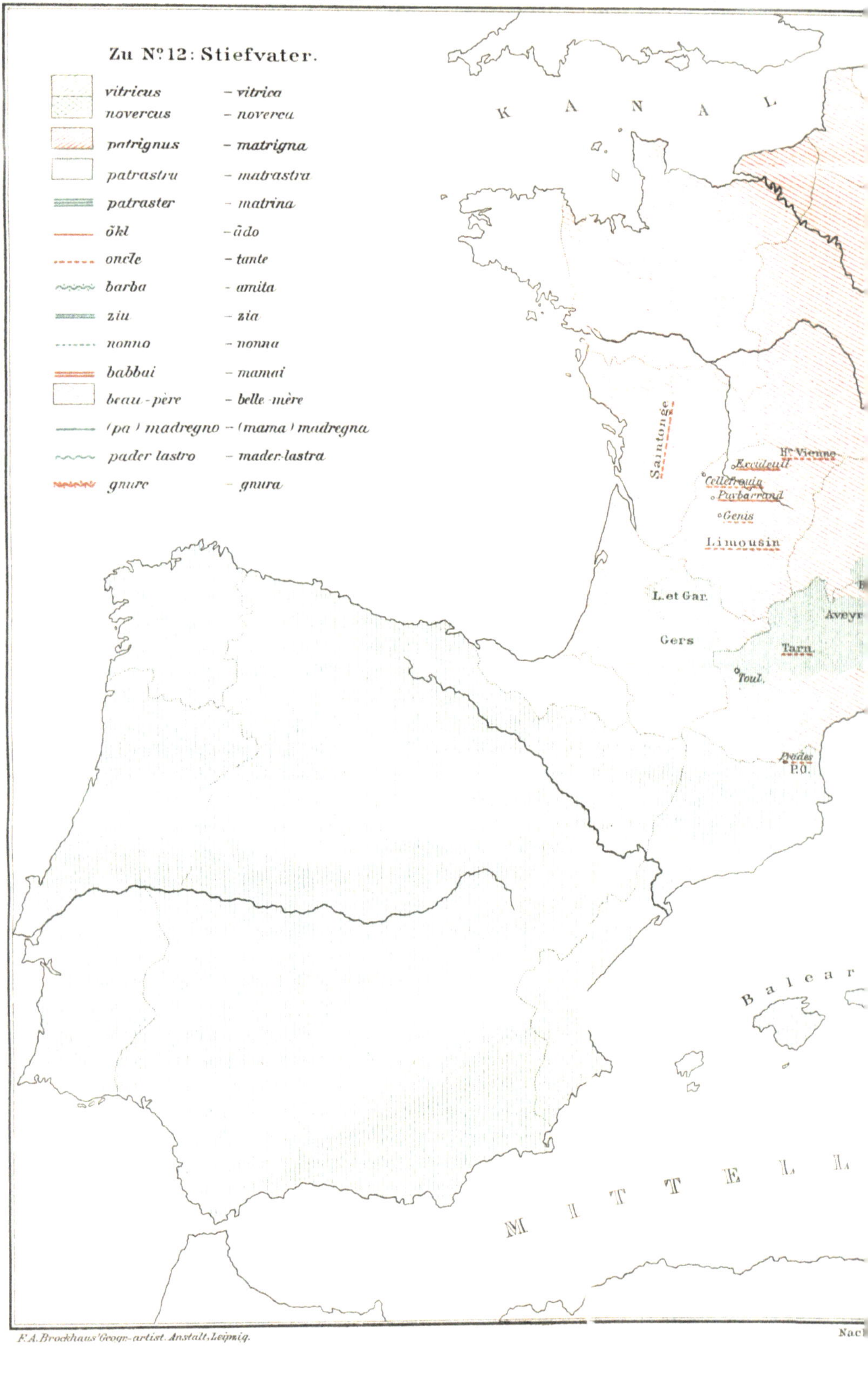

F.A. Brockhaus' Geogr.-artist. Anstalt, Leipzig.

Verlag von Karl J. Trübner, Strassburg.

FSC
www.fsc.org
MIX
Papier | Fördert gute Waldnutzung
FSC® C083411

Kolibri 360 GmbH
Ferdinand-Jühlke-Straße 7
99095 Erfurt, Deutschland
produktsicherheit@kolibri360.de